新时代中华传统文化知识丛书

中国古代史学家

李燕　罗日明　主编

海豚出版社
DOLPHIN BOOKS

CICG　中国国际传播集团

图书在版编目（CIP）数据

中国古代史学家 / 李燕 , 罗日明主编 . -- 北京：
海豚出版社 , 2025. 1. -- (新时代中华传统文化知识丛
书). -- ISBN 978-7-5110-7196-5

Ⅰ. K825.81-49

中国国家版本馆 CIP 数据核字第 2025S3X951 号

新时代中华传统文化知识丛书

中国古代史学家

李　燕　罗日明　**主编**

出 版 人	王　磊	
责任编辑	张　镛	
封面设计	薛　芳	
责任印制	蔡　丽	
法律顾问	中咨律师事务所　殷斌律师	
出　　版	海豚出版社	
地　　址	北京市西城区百万庄大街 24 号	
邮　　编	100037	
电　　话	010-68325006（销售）　010-68996147（总编室）	
印　　刷	天津睿意佳彩印刷有限公司	
经　　销	新华书店及网络书店	
开　　本	710mm×1000mm　1/16	
印　　张	9	
字　　数	76 千字	
印　　数	3000	
版　　次	2025 年 1 月第 1 版　2025 年 1 月第 1 次印刷	
标准书号	ISBN 978-7-5110-7196-5	
定　　价	39.80 元	

当文字尚未出现时，史学便已经悄然流传。这种论断似乎无据可依，但原始人类以口耳相传的方式在代际间传递信息、知识和文化，不正是在记史、传史吗？

在口耳相传的时代，人人都是"历史学家"，人们可以将自己所知道的事情告诉别人，或是传给后代。当然，其中不免会出现一些信息缺失、内容修饰等问题，所以此时的历史可信度并不高，可作了解，却难以用于研究。

口耳相传难以保证信息的真实性与完整性，叙述者的记忆能力和口语表达能力、倾听者的理解能力和思维认知，都会对信息的传播造成影响。文字的出现在一定程度上解决了这些问题，但这种解决也仅限于信息传播上，还未触及史学的深度。

史官的出现让过去的历史能够最大限度地出现在史书之中。据史料记载，我国自轩辕黄帝时代，便已经出现史官，那些发明、改良了文字的人，如仓颉、沮诵，便是早期史官。他们出身于宫廷，为天子诸侯服务，但在对待历史时，却是自由独立的。

"君举必书""书法不隐"既是中国古代史官的著史初心，也是中国史学文化的重要内涵。千百年来，史学家们在秉笔直书之时，都非常谨慎，对所记之事，不敢有一字之增。正是依靠着纪实、求真、怀疑等治史精神，他们才为后世留下了宝贵的史学大作。

　　本书以中国古代史学家为题，系统介绍我国各个朝代的杰出史学家，在简述其生平事迹的同时，对其史学研究、史学理论及史学著作进行深度解读，让读者既能获知史学家的生平故事，又能学习史学家的史学研究成果。

　　中国历史并不是一个个朝代的历史，而是中华民族的历史，只要中华民族文化精神不断，不论朝代如何更迭，这个民族的历史都会一直延续。也正是因此，中华民族才得以延续几千年，至今依然屹立于世界的东方。

　　如果一个民族不珍惜自己的文化、不重视自己的历史，那这个民族就会沉没在历史长河之中，寻不到自己的根，说不清自己的源。即使没有成为历史学家的志向，我们也应该正视历史、重视历史，只有这样，我们的民族才能永立于岁月的潮头。

目 录

第一章

中国古代史学文化

一、口耳相传，人人都是史学家

人类史学起源于记录往事的历史观念。在史学还未萌芽时，人们便以口耳相传的方式传诵过去的故事。

数万年前，在文字尚未出现时，古人会通过口耳相传的方式来传递信息和知识；文字出现后，它们就被记录在龟甲、布帛和纸张上，成为人们了解过去的重要依据。如此看来，在口耳相传的时代，每个人似乎都在记史传史，每个人都是历史学家。

在口耳相传的时代，人们确实能够随意对往事进行修饰，在为他人讲述自己身边发生的故事时，可以融入自己的喜好，加入自己的见解。老一辈的人会以口头语言和肢体动作向年轻一代传递自己对于往事的回忆，年轻一代又会根据自己的记忆，以相同的方式，继续向下代传递自己对于往事的回忆。就这样，一代又一代，在无数人的参与下，人类早期历史不断流传下来。

这种"对历史的书写"更像是一种艺术家的创作，比如在一些自然灾害发生时，总会有一些英雄人物出场。事实上，自然灾害和英雄人物之间并不存在什么关联，人们之所以将二者联系在一起，可能是为了加深印象或者出于某种目的。在不断想象、不断夸大的过程中，这些老一辈人对于往事的回忆便成了现在我们看到的神话传说。

口耳相传难以保证信息的真实性与完整性，叙述者的记忆能力和口语表达能力、倾听者的理解能力和思维认知，都会对信息的传播造成影响。从这一角度来说，美国历史学家贝克尔所主张的"历史是想象的历史，是事实与幻想的动人的混合物"似乎也有些道理。但历史真的是想象吗？

显然不是，历史是事实，是客观发生过的真实事件。历史上发生过的事件，不论规模大小，影响好坏，其本身就是事实，是已经发生过并且无法再改变的事实。基于这一事实，后人通过发掘或考证前人留下的证据，在一定程度上认定事实、确认事实，这才有了历史。

　　那么，中华民族的历史是由谁来记录、整理的呢？是一代又一代的史学家，他们通过编纂史书来记录和传承历史。

二、史官的出现

早在轩辕黄帝时代，我国可能就已经出现了负责记事的官吏，不过由于年代过于久远，现今已无法考证。但可以确定的是，在夏商时代，我国便已设立了史官之职。

《史通·史官建置》记载："盖史之建官，其来尚矣。昔轩辕氏受命，仓颉、沮诵实居其职。"按照这一记载，在轩辕黄帝时代，我国便已经出现了负责记事的官吏，仓颉、沮诵就是为黄帝记事的。

《吕氏春秋·先识览》记载："夏太史令终古出其图法，执而泣之。夏桀迷惑，暴乱愈甚。太史令终古乃出奔如商。"因为夏桀昏庸无道，终古觉得夏朝没有希望了，所以抱着法典投奔了商王，这里的"终古"是夏朝的史官。所以说，我国在夏商时代便已经出现了专职的史官。

为什么终古要抱着"法典"投奔商王呢？因为在夏商

时代，史官的职务非常烦琐，除了记录各类历史事件外，还要负责管理占卜、祭祀、观天象、释灾异等。

随着社会的发展，史官的职能进一步细分，不同的史官开始负责不同的工作。以周代为例，太史除了负责记录国家大事、保管国家文献外，还参与并规范礼制活动；外史负责记录四方之志，掌三皇五帝之书；内史则负责记录君王的命令。

在这些史官中，内史因为离掌权者最近，其地位最为尊贵。相比于其他史官，他的工作更加纯粹，只要专心致志地记录好君王的一言一行就可以了。在《史记·廉颇蔺相如列传》中，秦王与赵王相会于渑池，赵王为秦王鼓瑟，秦国史官便将秦王令赵王鼓瑟记录于册。眼见自家大王吃了亏，蔺相如以性命相逼强令秦王击缶，并叫赵国史官将秦王为赵王击缶记录于册。这里记录诸侯言行事迹的便是内史，他们经常跟在诸侯身边，记录诸侯的一言一行，尤其是那些能为诸侯增光添彩的事迹，更是要大书特书。

天子、诸侯身边有史官，后宫妃嫔身边同样也有史官。《周礼·天官·女史》记载："女史掌王后之礼职，掌内治之贰，以诏后治内政。"严格来说，这里的"女史"并不算史官，只是有知识有文化的女子。她们跟在王后身边记录王后的事，告诉王后掌管内政治理之法。

夏商时期的史官主要负责记事，正所谓"君举必书"，国君的一举一动都会被记入史册。到了汉唐之世，史官的记事职责依然没有变，但在记事之外，又增加了修国史的工作。《旧唐书·职官志》中的"掌修国史，不虚美，不隐恶，直书其事"，说的便是古代史官修国史的态度与操守。

中国古代的史官虽然出自宫廷，为君王服务，但他们在对待历史时，却是自由独立的。"君举必书""书法不隐"既是中国古代史官的著史初心，也是中国史学文化的重要内涵。

三、史官的治史精神

中国史官有良才、有良知。他们以强烈的使命感与责任感承担起传续中国历史的重任，以热烈的爱国情怀督促君王以史为鉴。了解中国史官的治史精神，可以帮助我们更好地认识那些古代史学大家。

史官记史，既讲方法，又重态度。秉持何种态度、用何种方法去记述历史，是每一位史官都必须考虑的问题。在几千年的中国历史中，涌现出许多史学名家，他们身上都展现着一些共同的治史精神。

1. 纪实

中国史官在记录历史时多秉笔直书，这种"君举必书""书法不隐"的态度背后，所展现的正是中国史官的纪实精神。司马迁在著述《史记》时，就很好地展现了这种纪实精神，没有美化君王的表现，也没有因自己的好恶而歪曲事实。

《汉书·司马迁传》记载："然自刘向、扬雄博极群书，皆称迁有良史之材，服其善序事理，辨而不华，质而不俚，其文直，其事核，不虚美，不隐恶，故谓之实录。"这是史学大家班固对其前辈司马迁的赞誉。"其文直，其事核，不虚美，不隐恶"，这便是史学家在记史时所秉承的纪实精神。

2. 求真

追究往事的真相，是古代史学家的爱好，无论是东方史学，还是西方史学，都将这种求真的态度看作一种重要的治史精神。

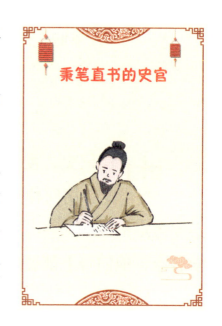

《韩非子·显学》记载："孔子、墨子俱道尧、舜，而取舍不同，皆自谓真尧、舜，尧、舜不复生，将谁使定儒、墨之诚乎……无参验而必之者，愚也；弗能必而据之者，诬也。故明据先王，必定尧、舜者，非愚则诬也。"

韩非子对于孔、墨宣称的尧舜之道提出异议，认为只有参验确定后才能下结论，这便是一种求真的表现。凡事必求真，正是古代史学家的又一治史精神，其与"纪实"

精神一起，帮助史学家更好地记录历史的真相。

3. 怀疑

中国古代先贤富有怀疑精神。"《春秋》之义，信以传信，疑以传疑"，孟子读书提倡"尽信书则不如无书"……这些怀疑不仅表现在文学上，也体现在史学中。司马迁在著述《史记》时，对于那些远古之事，便持有怀疑态度，不轻信百家不雅驯之言，而"择其言尤雅者"记述。

对于一些确实无法考证的往事，史学家应该怎样记述呢？清代考古辨伪学家崔述在《考信录·提要卷上》中写道："凡无从考证者，辄以不知置之，宁缺所疑，不敢妄言以惑世也。"古代的史学家确实是这样做的，对于那些无从考证的往事，暂作阙疑，只作那些有根据的撰述。

古代的史学家在秉笔直书时，都非常谨慎，对所记之事，不敢有一字之增。正是依靠纪实、求真、怀疑等治史精神，中国史官才为后世留下了皇皇史学大作。

四、国可亡，而史不可灭

陈寅恪先生在《吾国学术之现状及清华之职责》一文中提到了"国可亡，而史不可灭"这一命题，认为中国学者在国难当头之际应保存中华文化，延续中华精神，国亡而仍有史，那从善去恶之后，国便可再建。其实，这一命题在我国历朝历代的兴衰起落中早已展现无遗。

国亡则史断，这似乎是理所当然的道理。明朝灭亡之后，明朝的历史就宣告终结，再开始就是清朝的天下和清朝的历史。但一个朝代的历史中断了，一个民族的历史却依然在延续，在明朝的历史废墟之上，清朝所延续的依然是中华民族的历史。

这便是陈寅恪先生所说的"国可亡，而史不可灭"的道理。中国历史并不是一个个朝代的历史，而是中华民族的历史，只要中华民族的文化精神不断，则无论朝代如何更迭，中国文化和中华民族的历史都会一直延续。

有意思的是，在我国历史上，前一朝代的历史大多是后一朝代的史学家所作。有人认为这是"历史由胜利者所书"的明证，其实不然，只要了解后代史学家修史的故事，便知道这只是以古鉴今、以兴当世的一种做法。

金人王鹗在元朝为官，曾建议元世祖建立史馆，并编修辽、金两国史书。辽、金两国都已不复存在，为何还要编修两国史书？王鹗在《立史院奏帖》中说道："自古有可亡之国，无可亡之史。兼前代史纂，必代兴者与修。盖是非与夺，待后人而可公故也。"在他看来，修前朝史书是为了让后世知今日事。为何辽、金会灭亡，元朝会统一天下，后世之人可以在史书中寻找答案。

在《金史》编修完成后，监修国史的阿鲁图等史官在《进金史表》中说道："窃惟汉高帝入关，任萧何而收秦籍；唐太宗即祚，命魏徵以作《隋书》。盖历数归真主之朝，而简编载前代之事，国可灭史不可灭，善吾师恶亦吾师。矧夫典故之源流，章程之沿革，不披往牒，曷蓄前闻。"

在阿鲁图等史官看来，编修前朝史书可以为君王治理国家提供借鉴，前代的善行也好，恶行也罢，都可以作为当朝君王治国理政的经验教训。前代的制度章程也可以作为当朝的法令条例去施行。

龚自珍在《古史钩沉·论二》中写道："灭人之国，必先去其史。"这是说要让一个国家、一个民族灭亡，就要先让它的历史消亡。这从另一方面强调了国史的重要意义，其所表达的意思，与陈寅恪先生"国可亡，而史不可灭"的观点基本相同。

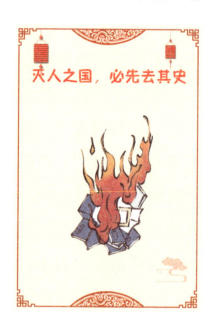

如果一个民族不珍惜自己的文化、不重视自己的历史，那么这个民族就会沉没在历史长河之中，寻不到自己的根，说不清自己的源。即使没有成为历史学家的志向，我们也应该正视历史、重视历史，只有这样，我们的民族才能永立于岁月的潮头。

第二章

汉及前代
史学家

一、左丘明

按照司马迁的说法，左丘明在写作《国语》时，已经双目失明，但由于相关史料较少，我们没办法获知个中详情，甚至连左丘明的籍贯、官职和生存时代都无法确定。即使是这样，也丝毫不影响左丘明在中国传统史学中的地位。

左丘明，后人研究认为，他是姜太公的后裔，其历代先祖先后在楚国、鲁国担任史官。他的父亲左丘成便是鲁国的太史。

左丘明继承了父亲的官职，成为鲁国的史官，但他并不像其他纨绔子弟那样，靠着祖辈的荫庇混日子。在担任鲁国史官时，他勤勤恳恳，不仅深得鲁国国君器重，更是多次受到孔子的夸赞。

孔子夸赞左丘明，并不是因为鲁定公在任命孔子为司徒前，左丘明替他说了些公道话，更多还是因为左丘明的人品才干很有"君子"之风。《论语·公冶长》中记载："子曰：'巧言、令色、足恭，左丘明耻之，丘亦耻之。匿怨而友其人，左丘明耻之，丘亦耻之。'"从这段论述便可看出，孔子将左丘明当作同道中人，二人都对花言巧语的行为感到可耻。

为了更好地著述历史，左丘明曾经和孔子一同前往周王室查阅典籍资料。返回鲁国后，孔子编修了《春秋》一书，而左丘明则编写了编年体史书《左传》。

编写《左传》是左丘明对中国史学的重要贡献，让其在中国思想史、史学史和文学史上都留下了自己的印迹。

司马迁在《史记·十二诸侯年表》中写道："鲁君子左丘明惧弟子人人异端，各安其意，失其真，故因孔子史记，具论其语，成《左氏春秋》。"司马迁的这段论述不仅证明了孔子作《春秋》这件事，更说清了左丘明著《左传》的初衷是为了保留《春秋》的真意，以免后世错解圣人的语意。

当然，身为史官，左丘明在著《左传》时，也始终秉承着史学家的操守，求真务实的同时，将自己的思想融入其中。《左传》中的"君子曰""君子谓""君子以为"都是左丘明个人思想的表达。除此之外，他还多次借历史人物之口，引先贤评论之语，来褒贬时事，表达自己的个人想法。

左丘明一直在鲁国做史官，直到眼睛出了问题，才不得不辞官归乡，专心编著史书。司马迁"左丘失明，厥有《国语》"一说，便是出自左丘明的这一经历。

《国语》作为我国最早的一部国别体史书，以国分类，以语为主，包含了周代各诸侯贵族的朝聘、宴飨、讽谏、辩说、应对之辞，以及一些历史事件与传说。其所记史实，丰富多彩，司马迁的史学著作《史记》多取材于它，是研究先秦时期历史的重要资料。

虽然后世学者对于左丘明著《国语》一事还有诸多争议，但对于左丘明在史学和文学方面的能力与成就却是少有质疑的。无论是在为人，还是在著史方面，左丘明都算得上是古代史学家的典范，也无愧于"中国史学的开山鼻祖"之誉。

二、司马迁

太史公司马迁作为我国古代史学界最负盛名的史学家，在遭遇人生大劫之后，依然能沉淀自身，发愤著书，自成一家。在他身上，我们既可以看到古代史学家的治史精神，更能看到古代文人的人格魅力。

司马迁，字子长，西汉著名史学家、文学家。与左丘明一样，他也是继承了父亲的官职，成为一名史官。不过，相比于左丘明稍显顺意的生活，司马迁的人生可谓大起大落。

司马迁很小的时候，父亲司马谈便很重视对其进行史学教育。对于《尚书》《左传》《国语》这些当时的"畅销"史书，司马迁十岁时便已能阅读诵习。因为司马谈在京师任太史令，司马迁一家过得还算安乐，司马迁也得以在二十岁时便能游历天下。这一时期，他几乎把史书上记录的那些名胜古迹、名人故居、著名战场都走遍了，大大丰富了自己的人生阅历，开阔了视野。

游完了山水，司马迁便借着父亲的便利，回京出任郎中一职。汉武帝元封元年（前110年），司马谈因病过世，临终前托付司马迁在继任太史后，不可"废天下之文"。由此可以看出，身为西汉太史令的司马谈也有着"论载先人之言"的著史宏愿，只不过难敌命数，好在他的儿子最终帮他完成了这一宏愿。

司马迁继任太史令后，正逢汉武盛世，天下贤能之士皆会集长安。在与董仲舒、孔安国交往过程中，司马迁的思想越发深邃，对于史学的理解也更为深刻，这些变化对其完成《史记》的撰写有非常大的影响。

汉武帝天汉二年（前99年），司马迁因"欲沮贰师，为陵游说"获诬罔之罪。按照西汉律法，诬罔之罪属大不敬，依律当斩，但汉武帝却判处司马迁腐刑。面对这种刑罚，司马迁的态度也很坚决，他在《报任安书》（《报任少卿书》）中写道："草创未就，会遭此祸，惜其不成，以就极刑而无愠色。"因为自己著史的理想尚未完成，所以不能如蝼蚁般死去。

在此后的岁月中，司马迁承受着无尽屈辱，发愤著书，最终完成了我国历史上第一部纪传体通史《史记》。《史记》包括十二本纪、三十世家、七十列传、十表、八书，共一百三十篇，记载了从上古黄帝时代到汉武帝太初四年（前 101 年）共三千多年的历史。

《史记》不仅是一部规模巨大、体系完备的史学巨著，也是一部优秀的文学著作，对后世史学和文学发展有着深远影响。鲁迅先生称其为"史家之绝唱，无韵之《离骚》"。司马迁所开创的纪传体编史方法，也成为此后历代"正史"的主要编写方法，其著史时的实录精神，更是为后代史学家所继承和传扬。

当然，后世也有人指出，司马迁在著述《史记》时，对汉朝多有负面论述，认为司马迁因被汉武帝处以宫刑，所以借《史记》来诽谤天子以泄愤。《三国志·魏书·王肃传》中便记载了魏明帝与王肃关于司马迁是否借《史记》泄愤的一番对话。魏明帝认为司马迁故意给汉武帝"差评"，王肃却认为司马迁既有良史之才，也有实录精神，始终在客观严肃地记录历史。

我们应该相信，身为史学家的司马迁会将实录精神看得如泰山般重，但如果说他在著述《史记》时完全摒弃了个人情感，也不太现实。所以，想要了解某一时期的历史，不妨多阅读一些史书，相互比较，有所对照，同时也要多进行一些独立思考。

三、班　固

> 班固出身名门，一生著述颇丰。除《汉书》外，他在汉赋、经学和目录学方面也取得了不小成就。在史学方面，后世将班固与司马迁相提并论，认为二人皆有良史之才。

班固，字孟坚，东汉史学家、文学家。他的前半生经历与司马迁颇为相似，出身儒学世家，自幼便受到身为史学家的父亲班彪的影响，熟读各种经书典籍，对记录汉代历史产生了浓厚兴趣。

建武三十年（54年），班彪去世，家中没了顶梁柱，班固作为长兄自然要承担起照顾弟弟妹妹的责任。为此，他一边寻找出仕为官的机会，一边继承父亲未竟的事业，开始着手撰写《汉书》。

一般来说，人生进入低谷之后，发愤图强总会让人生有些希望。但班固的奋发却没有给自己的人生带来起色，反而还让自己去"鬼门关"走了一遭。出仕的自荐石沉大海还算小事，撰写《汉书》的行为被人告发为"私修国史"，直接让他被捕入狱。

在古代，私修国史之事并不少见，班固的父亲班彪作《史记后传》便是在私修国史。根据《后汉书·班彪传》记载，班彪不仅私修了国史，而且还呈送给光武帝刘秀看，受到了表扬。为何父亲"私修国史"受到表扬，到了儿子这里却被捕入狱了呢？

班固被抓这事，很大程度上属于运气不佳。当时同郡人苏朗因伪言图谶（chèn）之事，被下狱处死。图谶在现在属于封建迷信，在古代也差不多，王莽篡位、刘秀夺权时都使用过。此时东汉王朝刚历二帝，政权还未完全稳固，有人却敢拿图谶招摇撞骗，自然难被统治者所容。所以班固被捕入狱，很大程度是因为受到了这件事的影响。

遭此大难，按理说班固是很难幸免的，但在弟弟班超的一番奔走游说下，班固不仅顺利免罪，而且还进了洛阳皇家校书部为官。班固的这个弟弟，不仅是一位优秀的军事将领，而且在与人打交道方面也颇为擅长。在为哥哥辩解时，他"具陈固著述意"，说班固修国史是为了补完班彪所著《史记后传》未详之处。

汉明帝自然知道班彪的《史记后传》是自己父亲认可

的，所以也就不好再说班固修史与图谶之事相关。而他在看过班固的修改稿后，也认可了班固的才学，于是将其纳入皇家校书部，为国修史。

班固不负众望，不仅与别人合作完成了《世祖本纪》的撰写，以史官身份记录整理出经学著作《白虎通德论》，更是利用皇家丰富的藏书资源，完成了《汉书》的初步撰著。

在撰著《汉书》的同时，班固一直希望能够建功立业，有一番作为。所以在年近花甲之时，他加入了窦宪北征匈奴的队伍，开启了短暂的军旅生涯。攻伐匈奴一战，窦宪大获全胜，升为大将军，位在三公之上，但很快便因谋反之事被诛杀。班固也因此受到牵连，被捕入狱，含冤而死。

班固的人生跌宕起伏，在史学、经学、文学方面都取得了突出成就。他所撰著的《汉书》是继《史记》之后我国古代又一部重要史书，开创了纪传体断代史先河。不过，班固去世之时，《汉书》并未修撰完成，续写《汉书》的重任就落到了他的妹妹班昭身上。

四、班　昭

　　班昭的一生丰富多彩，除了在史学方面继承了父兄遗志外，在文学方面也建树颇高。在中华文明史中，其才情品行都可为女子典范。

　　班昭，字惠班，东汉著名史学家、文学家。出身于儒学世家的班昭，从小便受到父兄影响，对历史很感兴趣。长时间的耳濡目染，让她增长了见识，累积了学问。在兄长班固亡故后，她受汉和帝之命，续写《汉书》，继续完成父兄之志。

　　班固因窦宪案冤死狱中时，还未完成"八表"和《天文志》的内容，《汉书》成稿也非常散乱。班昭除了要补写未完成部分内容，还需要对《汉书》原稿进行整理。她经年累月地在藏书阁中读书，涉猎了大量史学典籍，反复梳理父兄留下的散乱篇章。最终，班昭在《汉书》原稿的基础上，完成了《异姓诸侯王表》《诸侯王表》《高惠高后文功臣表》《景武昭宣元成功臣表》等"八表"。

除了整理、续写《汉书》，班昭在《汉书》的讲授、传播方面也起到了重要作用。范晔在《后汉书·列女传》中写道："时《汉书》始出，多未能通者，同郡马融伏于阁下，从昭受读，后又诏融兄续继昭成之。"

马融是东汉著名儒学家、经学家，他曾跟随班昭学习《汉书》。而马融的哥哥马续则在班昭之后，补写了《汉书·天文志》部分内容。可以说在班昭之后，两人对《汉书》的传播和完善都起到了重要作用。

如果说班昭续写《汉书》，是在继承父兄遗志的话，那她入朝参政，则是在丰富自己的人生。

因看重班昭的学识文采，汉和帝曾多次召班昭入宫，为皇后和贵人讲学。每次各地贡献奇珍时，和帝还会让班昭作赋赞颂。当时的人们将学识高、品德好的女子称为"大家（gū）"，因此班昭又有"曹大家"之称（曹为其夫姓）。

除了为宫人讲学，在邓太后临朝后，班昭还被特许参与政

事。在参政期间，班昭从一位年长者的角度为邓太后提供了很多中肯意见，深受邓太后尊敬。在班昭过世时，邓太后穿素服以示哀悼，足见二人感情之深。

班昭的一生丰富多彩，既有文学、史学方面的卓然成就，又有颇为平顺的从政经历，为后世所铭记。不过，在班昭颇为平顺的一生中，也有一些让人诟病的问题，比如她所撰写的《女诫》一书，极大地禁锢了女性的思想和自由，与现代社会所提倡的"男女平等"相违背，确实已经不合时宜。

班昭作为我国第一位史书记载的女性历史学家，对中国史学的延续发展作出了自己的贡献。她就像浩瀚史学星空中的一颗明星，散发着独特的光彩。

五、荀 悦

荀悦虽不如其堂弟荀彧那样有"王佐之才"，但在史学、政论方面却颇有大家风范。正如东晋袁宏所述，荀悦"才智经论，足为嘉史"。

荀悦，字仲豫，东汉史学家、政论家、思想家，著有《汉纪》三十篇，《申鉴》五篇。范晔在《后汉书》中评价他"性沉静，美姿容，尤好著述"。

荀悦虽出身于名门世家，却未像班固、班昭那样，深受父亲熏陶、荫庇。年少丧父的荀悦，只能靠四处借书阅读来充实自己。他所生活的时代，宦官专政严重，仕途之路并不好走，所以他也像其他读书人那样，隐居不仕。

汉献帝即位时，荀悦应召为官。但此时他所效忠的大汉王朝已然日薄西山，回天乏术，所以他为汉献帝所写的为政纲要，在小皇帝眼中，只是几篇富有文采的文章而已。相比于那些议论政事的文章，荀悦所作的《汉纪》，倒是更有影响一些。

《汉纪》又称《前汉纪》，是记述西汉历史的史书，体裁与《左传》一样，为编年体史书，全书共三十卷（篇），约十八万字，上起秦二世元年（前209年），下迄王莽地皇四年（23年）。值得一提的是，《汉纪》几乎全书"摘抄"自《汉书》，所以从史学研究角度来说，《汉纪》的史料价值并不高。

虽说是"抄书"，但荀悦既然能被后人称为"嘉史"，那他必然有自己的过人之处。"善抄书者可以成创作"，从《汉纪》来看，荀悦在抄录《汉书》的同时，也对《汉书》内容进行了增补删改，补正了《汉书》有误之处。

此外，荀悦在撰写《汉纪》的过程中，始终秉承着劝善惩恶的思想。因为是为小皇帝汉献帝撰写的史书，所以荀悦在《汉纪》中着重对汉代中兴治世的历史进行评述，同时还在其中加入了大量论赞。这种"夹带私活"的著史行为，可以看作荀悦的一种曲线救国之策。他希望小皇帝能从这部史书中了解先辈们的文

荀 悦

治武功，学得拨乱反正的方法，重振汉室江山。但从当时的社会环境来看，振兴汉室江山仅靠一部史书、一位皇帝是很难做到的。

不过，荀悦以编年体撰写断代史的方法，对我国古代编年体史书的发展起到了一定的推动作用。在荀悦之后，一些史学家也相继写出了编年体断代史。

范晔在《后汉书·荀悦传》中称《汉纪》"辞约事详，论辨多美""省约易习，有便于用"；刘知几则将《汉纪》的编年体与《汉书》的纪传体相提并论，称"班荀二体，角力争先。欲废其一，固亦难矣"。从后世的评论来看，《汉纪》确是颇有特色的一部史学著作。

在荀悦眼中，史学的作用在于对世人进行道德教育和警示借鉴，尤其是统治者，一定要在读史的过程中"以小知大，近取诸身"。只有这样，才能从历史的"铜镜"之中，知兴替，明得失，不蹈前人的覆辙。

第三章

魏晋南北朝
史学家

一、陈　寿

　　想要了解真实的三国历史，看《三国演义》是不够的，陈寿的《三国志》才是更好的选择。不过，关于《三国志》中的一些观点是否客观的问题，史学界一直争论颇多。

　　陈寿，字承祚，三国时期著名史学家，历仕蜀汉及西晋。南北朝时期政治家崔浩评价陈寿："有古良史之风，其所著述，文义典正，皆扬于王廷之言，微而显，婉而成章，班史以来无及寿者。"

　　从陈寿的史学成就来看，崔浩的这段评价是比较中肯的。一部《三国志》，尽书三国史。陈寿所撰写的《三国志》是一部纪传体断代史，主要记述了魏、蜀、吴三国鼎立时期的历史，与《史记》《汉书》《后汉书》合称为"前四史"。

　　这部纪传体史学巨著的史学价值自然不必多说，陈寿凭借此书为自己博得一个"良史"之称，倒也是合情合理的。不过，崔浩对陈寿的这段评述，并不是所有人都认可的，唐代史学家刘知几反对得相对激烈，他认为"班固受金而始书，陈寿借米而方传。此又记言之奸贼，载笔之凶人，虽肆诸市朝，投畀豺虎可也"。

史学家骂起人来，也是这般有文采，只不过，说班固、陈寿是"奸贼""凶人"，似乎太过严厉了些。想要了解陈寿为何被刘知几如此批评，还要好好了解一下他的人生经历才行。

陈寿的人生多在贬谪中度过。在蜀汉时，他因不屈从于宦官黄皓，屡遭贬谪；蜀汉降晋后，他凭借撰写《诸葛亮集》和《益部耆旧传》十篇，获得晋武帝嘉奖，做了几年官后，又因非议、排挤被贬官。他的人生经历正应了其师谯周所言："卿必以才学成名，当被损折，亦非不幸也，宜深慎之。"

历仕两朝的陈寿，在撰写《三国志》时，遇到了不少问题，比如撰写与曹魏政权和司马氏有关的内容时，批评

是不能有的，不赞美也是不行的。所以后世对《三国志》中这部分内容存在怀疑，也是说得通的。除此之外，《三国志》中一些人物的纪和传存在矛盾，全书只有纪和传，而无表和志，也是其受到后世诟病的原因。

除了客观原因之外，还有一些主观原因，影响了《三国志》的客观性。这一点房玄龄在《晋书·陈寿传》中有所记载。其内容是说陈寿要求丁仪、丁讷的儿子们给自己千斛米，方给二人写传，二人的儿子们没有答应，陈寿便没有给二人立传。此即陈寿"索米立传"的故事。

刘知几应该是看到了这些内容后，才对陈寿破口大骂的，认为他失了史德，别说是良史，连良人都不配做。但除了刘知几等少数史学家外，大多数史学家都不相信《晋书》中所记陈寿的"劣行"。

与之相同的，《晋书》中还记述了陈寿与诸葛亮的"过节"。其内容说陈寿的父亲是马谡参军，因马谡失街亭被牵连，而诸葛亮之子诸葛瞻又屡次轻视陈寿，所以陈寿在为诸葛亮立传时，才会有"亮将略非长，无应敌之才"的论述。

对于陈寿及《三国志》，清代史学家赵翼的评价更为中肯一些。他认为："陈寿《三国志》虽称善叙事，有良史才，然亦有舛误。"陈寿的史学才干，与《三国志》的文史价值是不可否认的，但书中存在的一些舛误也是不可回避的。阅读《三国志》时，必须注意这些问题。

　　记录真实的历史，从来都不是一件容易的事情。《三国志》中的诸多舛误，有很多是陈寿力不能及的。即使如此，这部纪传体史学巨著依然是研究三国历史的重要史料，具有很高的史学研究价值。

二、裴松之

裴松之出身河东裴氏，与其子裴骃、曾孙裴子野活跃于南北朝史学界，并称"史学三裴"，为中国史学的传承与发展作出了重要贡献。

裴松之，字世期，东晋、刘宋时期著名史学家，著有《三国志注》、《裴氏家传》四卷、《集注丧服经传》一卷、《裴松之集》十三卷。《宋书·裴松之传》中称裴松之"博览坟籍，立身简素"。

裴松之的仕途十分顺利，这既得益于其名门望族的家世背景，也得益于其自身的才学与能力。初仕东晋时，裴松之便一路高升，刘宋代晋后，更是封爵西乡侯。最终在八十岁高龄辞世，也算是高寿而终了。

宋文帝主政时期，下旨要求裴松之为《三国志》作注。陈寿的《三国志》内容丰富，叙事翔实，但也有一些前后矛盾的内容，而且全书只有"纪"和"传"，没有

"志"和"表"，也是一大缺憾。宋文帝要求裴松之做的，就是让整部《三国志》内容更丰富，更贴近史实，更易于阅读。

为此，裴松之走访三国遗址，考证三国史实，听长者回忆，看地方史志，考人物事件，经过一番探索，最终完成了对《三国志》的注解、批改。

裴松之在《上〈三国志〉表》中，详细论述了自己注解《三国志》的具体方法，从中可窥见其史学思想。

首先，裴松之认为陈寿的《三国志》"失在于略，时有所脱漏"，所以他将陈寿未记载但值得记录的事件，都补记进书中，此即为"补其阙"。比如，诸葛亮平定南中之事，陈寿将其一笔带过，但裴松之却认为这是蜀汉重要的"和戎"之举，对诸葛亮出师北伐具有重要意义，所以便将其详细记入书中。

其次，裴松之认为各史书在介绍同一件事时，记载存在不相同之处，他将这些内容都记入书中，此即为"备异闻"。比如，刘备三顾茅庐一事，除《三国志》中所记内容之外，裴松之还将魏人鱼豢《魏略》和西晋司马彪《九州春秋》所记内容收入书中。

再次，裴松之认为陈寿的《三国志》中存在"纰缪显然，言不附理"的情况，需要"随违矫正"，此即为"惩其妄"。当然，对于《三国志》中所论事件，其他史书存在纰缪的地方，裴松之也同样在书中进行了记述。

最后，裴松之还在书中加入了"论辨"内容，即对史事和史书的评价。在正史体例规范化问题上，裴松之主张"事类相从"，即认可司马迁在《史记》中将同类人放在同一传记之中的做法，不认可陈寿将非为一类之人归入一传的做法。

除此之外，裴松之还在叙事描写上对《三国志》进行了调整，对个别人物的容貌加以细致描写，更为生动地展现了历史事实，让史学著作中的人物更为形象，也更具有可读性。

清代《四库全书总目提要》对裴松之注《三国志》的特点进行过总结，有"其中往往嗜奇爱博，颇伤芜杂"的论断。这是因为裴松之在为《三国志》补阙时，除了引用大量史学典籍中的内容，还将《搜神记》《博物志》《抱朴子》中的奇幻故事加入其中。所以从裴松之注解的《三国

志》中，不仅能看到真正的三国历史，还能看到那些历史
背后的奇幻故事。不知道罗贯中在撰写《三国演义》时，
是否从裴松之所记的那些奇幻故事中获取了某些灵感。

三、范　晔

　　范晔出身魏晋南北朝时期声名显赫的文化士族顺阳范氏。范晔才华横溢，史学成就突出，唐代史学家刘知几称其"博采众书，裁成汉典，观其所取，颇有奇工"。

　　范晔，字蔚宗，南朝宋时期著名史学家、文学家，其所著《后汉书》结构严谨，文辞优美，为"前四史"之一。

　　范晔才华横溢，但除了这一点之外，恐怕再难从他身上找到可以夸赞的特质了。如果将"著史立说"从其人生经历中拿出，那他的人生简直一塌糊涂。正如唐代史学家李延寿所说："蔚宗艺用有过人之美，迹其行事，何利害之相倾。"

　　出身于名门的范晔在生活中放浪形骸，贪财、好色、不孝、谋反，都深为后世所诟病，简直是"一手好牌打得稀烂"的典范。但关于范晔谋反这件事，史学界向来多有争议，沈约、司马光等人认为范晔谋反是事实，是过分贪恋权力、炫耀才华所致；李延寿、王鸣盛等人则认为以范晔的身份与才干不可能干出谋反之事。也有一些学者认为范晔所犯谋反之事，是刘宋皇室打击士族过程中的一个必然事件，范晔只是深受其害而已。

　　且不论谋反之事是否真为范晔所为，仅从为人处世方面来看，范晔便是不合格的。但若抛却这些，只说"著史立说"，那范晔确实也为中国史学作出了不小贡献。

　　《后汉书》记录了从汉光武帝建武元年（25 年）到汉献帝建安二十五年（220 年），共一百九十六年的东汉历史。他在《狱中与诸甥侄书》中写道：自己撰写《后汉书》的目的是"欲因事就卷内发论，以正一代得失"。这种为政治而写史的初衷，决定了《后汉书》不会像一般史书那样只记录历史事件，而是更多地对历史事件进行解读，更加注重史论。

　　这种著史方法与司马迁"通古今之变"的著史思路是非常相

似的。在《后汉书》中，范晔多以论赞的形式评论史事，同时还很注重利用归纳总结的方法，分析历史事件的源流演变。

在史论之外，《后汉书》虽然沿袭了《史记》《汉书》的体例，但在一些方面也有所创新。他除了在帝纪部分增加《皇后纪》外，还新增了《党锢传》《宦官传》《文苑传》《独行传》《方术传》《逸民传》《列女传》七个类传。其中，《文苑传》是范晔首创，是后世了解东汉文学发展脉络的重要文献资料，为后世史学家所仿效与传承。

除了史学方面的价值外，《后汉书》还具有较高的文学价值。在魏晋南北朝时期，骈文盛行，许多文学家以骈文作赋，一抒胸臆。范晔在《后汉书》中也使用了大量的骈体句式，呈现出较为明显的骈俪化特征。正如国学大师程千帆所说："魏晋以降，骈俪大兴。诸撰史者，多遵班轨。洎乎范氏，遂弥复究心于宫商清浊，赞论则综缉辞采，序述则错比文华，而文史几于不别矣。"

《隋书·经籍志》记载，范晔著书之前记述东汉史的著作共有十部，八百余卷，然而范书一出，诸家"后汉书"则逐一消亡，仅存袁宏的《后汉纪》，可见范晔《后汉书》之优秀。

四、沈　约

沈约出身于吴兴沈氏，却并未享受到任何家族的荫庇，他的成才之路，完全是靠自己勤学苦读。当然，运气与际遇在他的人生之路上也发挥了较为重要的作用。

沈约，字休文，南朝梁文学家、史学家，精通音律，注重声律、对仗，作"四声八病"之说，创"永明体"诗，著有《晋书》《宋书》《齐纪》《梁武帝本纪》等史书，其中《宋书》为"二十四史"之一。

沈约的人生开端并不顺利，父亲服罪被诛后，家道中落，他只能通过勤学苦读，靠自己的努力一步步走上仕途。在南齐为官时，沈约的仕途之路倒还顺畅，但在这一阶段他所遇到的最大际遇并不是官运亨通，而是与萧衍成为"死党"。

萧衍可是南梁的开国皇帝，这层关系才是沈约一生最大的际遇。因劝进萧衍代齐有功，沈约的官运更加"亨通"，最终登上了宰相之位。但伴君如伴虎，君王开心时什么事情都好说，君王不悦时任何事情都免谈。沈约在晚年时多次惹怒梁武帝，最终因受到谴责，忧惧而死。

沈约的人生虽然有起伏，但他在文学和史学方面的成就却是不可估量的。《梁书》称："约历仕三代，该悉旧章，博物洽闻，当世取则。"沈约在史学研究方面，对晋、宋、齐、梁四代之史均有涉及，所著《宋书》更是史学佳作。

在沈约之前，南朝宋思想家何承天、史学家徐爰都曾编纂过《宋书》，但最终列入正史的却只有沈约的《宋书》。由此可知，沈约在著史方面确实有过人之处。

在编纂《宋书》时，沈约虽博采众家之长，但并未随意拼凑，而是按自己的思考，先是确定了全书所记内容的范围，而后再删繁就简，客观地取舍史料。在《宋书》中，沈约历时多年完成的三十卷"八志"，弥补了《三国志》《后汉书》在这方面的缺陷。

《宋书》"八志"主要包括《律历志》三卷、《礼志》

五卷、《乐志》四卷、《天文志》四卷、《符瑞志》三卷、《五行志》五卷、《州郡志》四卷、《百官志》二卷。在编纂这些典制内容时，沈约详叙魏晋，溯源秦汉，对于后世了解魏晋及前代的典章制度具有重要意义。

除此之外，沈约在编纂《宋书》时，还开创了"因事附见"的编纂方法，在记载某些人物事件时，一同介绍涉及的其他人物事件，这样便省去了再为某人重新立传的麻烦。这种编纂方法为后世许多史家所借鉴，萧子显在撰写《南齐书》时，便采用了这种方法。

虽然沈约的《宋书》有诸多亮点，但也有一些"暗点"为后世史学家所指摘。比如，在描述自己父亲沈璞的死因时，沈约将其归咎为宋孝武帝听信他人谗言所致，很多史学家并不认同这一说法，纷纷加以批驳。

史学家裴松之的曾孙裴子野便在《宋略》中毫不客气地指出，孝武帝诛杀沈璞，是因为他跟从了不义之师。沈约得知此事，既没告对方诽谤，也没出面辩解，只想着息事宁人。

值得注意的是，裴子野所著《宋略》被时人认为优于沈约的《宋书》。不过《宋略》现已失传，只能在《资治通鉴》等史书中找到一些对这部史书内容的引用。

五、崔　鸿

崔鸿出身于清河崔氏，这一家族在汉末时成为关东望族，南北朝时进入声望鼎盛期，北魏孝文帝时更是"四姓高门"之一。崔鸿在著史方面倾尽心血，以十数年之功才完成《十六国春秋》的编撰工作。

崔鸿，字彦鸾，南北朝时期北魏史学家，曾参与编撰高祖与世宗《起居注》，著有《十六国春秋》。

《魏书》中称崔鸿"少好读书，博综经史"。因出身世家大族，崔鸿一生仕途平顺，这也为其著录史书提供了重要基础。崔鸿虽未从父亲那里受到多少史学熏陶，却跟着大伯崔光学到不少史学风骨。

崔鸿所生活的年代是中国历史上的大分裂时期。西晋灭亡后，中原地区先后出现了诸多由少数民族建立的政权，这些政权相互攻伐，不断兼并，都想在乱世之中争得一席之地。这些少数民族政权都有各自的史书，但因著史角度不同，体例不同，记述内容也多有差异。

按照《魏书》的说法便是"诸史残缺，体例不全，编录纷谬，繁略失所"。为此，崔鸿"审正不同，定为一书"，他想要编撰一部系统全面的十六国历史著作，以记录这一纷争不断的时代。《十六国春秋》便是他对这个时代的"记录"，而"十六国"之名也正是来源于这部史书。

《十六国春秋》是一部记录十六国历史的纪传体史书。作为一部记录少数民族政权历史的史书，它不仅具有重要的史学价值，而且在史学史中还具有重要意义。不过，《十六国春秋》并没有完整流传下来，现在只能从清人汤球所著《十六国春秋辑补》等史书中一窥其貌。

要著述这样一部涉及诸多政权的史书，需要收集的资料是相当庞杂的。为了收集十六国旧史及其他资料，崔鸿几乎倾尽了家财，耗费了数年光阴。据说在撰写到最后五卷"蜀录"时，他四处寻购《蜀书》，求之不得，竟为之停笔十数年之久。

唐代史学家刘知几在《史通》中写道："（崔鸿）考核众家，辨其异同，除烦补阙，错综纲纪，易其国书曰录，主纪曰传，都谓之《十六国春秋》。"这正是崔鸿撰写《十六国春秋》的真实写照。

除了广搜材料、旁征博引之外，崔鸿还突破传统著史方法，加入一些自己独到的"创新"。比如，在《十六国春秋》中，他将各国国书改称为"录"，将国君的纪改称为"传"，并以正史本纪之体例来撰写，抛弃了我国传统史学"贵华夏、贱夷狄"的思想。

作为一位史学家，崔鸿在著述《十六国春秋》时，还尽己所能地坚持实录著述。除了删正十六国旧史差谬之外，他还如实记录了"北魏军队坑杀后燕降卒"等历史事实，丝毫没有因自己是北魏之臣，而对这些历史进行掩饰和避讳。

在实录之外，崔鸿在《十六国春秋》中还收录了许多感生神话。比如，在记述汉赵昭武帝刘聪出生时，说"夜有日光之异"；记述前秦君主苻坚出生时，说"有神光之异，自天烛其庭"。在《十六国春秋》中，差不多每个政权的开创者都有些"上天赋予"的能力。

从现代科学角度来看，这些感生神话显然都是封建迷信，但在当时的社会，每一位渴望建功立业之人，都要为自己赋予一些神秘色彩。从这一角度来说，崔鸿将十六国旧史中的感生神话尽数收入《十六国春秋》中，只是顺应了当时的时代潮流而已。

六、萧子显

　　萧子显出身兰陵萧氏。自南朝宋起，该族子弟以军功上位，先后建立了南齐、南梁两个朝代，终成南朝高门望族。萧子显是齐高帝萧道成之孙，身份显赫，这在诸多中国史学家中颇为独特。

　　萧子显，字景阳，南朝梁史学家，曾编撰《后汉书》《晋史草》《南齐书》《普通北伐记》等史学著作。可惜的是，这些史学著作除了《南齐书》之外，其他都已失传。

　　萧子显的一生，似乎一直与好运相伴。在他生活的时代，兰陵萧氏进入第一个辉煌时期，萧子显也因此获得了宗室身份。即使在萧鸾登上南齐帝位，尽屠萧道成一脉时，萧子显也幸免于难。待到萧衍推翻南齐，建立南梁后，萧子显依然受到礼遇和重用。

　　除了身份显贵，萧子显的才学品性也是出类拔萃的。

《南史》中称萧子显"风神洒落，雍容闲雅，简通宾客，不畏鬼神"，俨然一位风流潇洒的贵公子。一般这样的人，多少会有些孤高，表现在萧子显身上便是"见九流宾客，不与交言，但举扇一拟而已"。这种不爱搭理人的性格，多少会招惹其他士族的嫉恨，但萧子显对这些事并不在意，他更关心修撰史书之事。

萧子显所撰《南齐书》是一部记载南齐历史的史学著作，为"二十四史"之一。该书记述了南朝自齐高帝建元元年（479年）到齐和帝中兴二年（502年），共二十三年的历史，是现存关于南齐最早的纪传体断代史。

萧子显撰写《南齐书》是得到梁武帝萧衍首肯的，这也可以看出萧衍对萧子显的欣赏与重视。当然，萧子显也没少为萧衍撰写记录其丰功伟绩的史书，虽然这些史书多已失传，但萧衍自然是看过的。

萧子显

不同于崔鸿撰写《十六国春秋》时那般费力，萧子显撰写《南齐书》的资料非常充裕。且不说有檀超、江淹等史官所记国史，沈约、吴均等人也曾撰写过记录南齐历史的史书。因此，萧子显并不需要大费周章去四处收集资料，只需要在他人的史书中"取材"。

虽说是"取材"，但毕竟是修撰一部寄托自己史学思想的史书，萧子显自然也要加入一些自己的想法和创作方法。在为一些人物写传时，萧子显采用了"于叙事中寓论断"的方法，即不直接发表议论，而通过前后发生的历史事实来揭示人物性格。司马迁在《史记》中便大量运用了这种方法。

对此，清代史学家赵翼曾评价："此数传皆同一用意，不著一议，而其人品自见，亦良史也。"说萧子显是良史没什么问题，但也应看到他在编撰《南齐书》时所暴露出来的问题。

一方面，萧子显在撰写宋、齐和齐、梁之交的历史时，对萧道成和萧衍的行为都有一定的避讳和掩饰。这是他作为萧氏族人的私心，也是他在史学创作方面的局限。另一方面，萧子显在撰写《南齐书》时，加入了一些神秘思想，与沈约的《宋书》和崔鸿的《十六国春秋》出现了同样的问题。

虽然《南齐书》存在这两方面的问题，却丝毫不影响其成为优秀的史学著作，也不会抹杀萧子显对中国史学发展的突出贡献。从萧子显的故事中可以看出，作为史学家想要完全践行史学初心，并不是一件容易的事，那些能够被称为良史的人，都会经受各方面的考验。

第四章

隋唐五代
史学家

一、姚思廉

姚思廉著史也是子承父志。不过，不同于司马迁、班固等人私下修史，姚思廉却是作为"十八学士"之一，奉唐太宗诏命修著史书，是实打实的大唐"在编人员"。

姚思廉，字简之（一说名简，字思廉），唐初史学家，著有《梁书》《陈书》《文思博要》。其中，《梁书》《陈书》皆入列"二十四史"。

姚思廉出身于史学世家，家学深厚，其父姚察历仕陈、隋两朝，专注于史学创作，撰有梁、陈二史，但未能完成。从小便受到父亲熏陶的姚思廉一心只爱读书，对史学也很感兴趣，随父自陈入隋，一直从事文史方面的工作，入仕大唐后，仕途也是一路平顺。

李世民命褚亮为"秦府十八学士图"中的姚思廉写赞语时，褚亮对姚思廉的评价是"志苦精勤，纪言实录。临危殉义，余风励俗"。前两句是评价姚思廉的史学才能，后两句则是对姚思廉政治节操的褒奖。

在史学方面，姚思廉的撰史工作，在其父去世时便已开始，甚至还得到隋朝官方的支持。而他所撰写的史书也主要是继承其父遗志的《梁书》和《陈书》。

入唐之后，唐朝官方曾开展过两次编修前代史的工作。一次是在武德五年（622年），唐高祖下诏修前代史，姚思廉负责修撰《陈史》，但此次修史工作并未完成；另一次是在贞观三年（629年），唐太宗下诏修前代史，姚思廉受命修《梁史》《陈史》，最终在贞观十年（636年）修撰完成。

虽然《梁书》《陈书》中都有一些内容为姚察所作，但大部分内容还是由姚思廉完成的。他不仅要续撰父亲未述的内容，还要对父亲撰写过的内容，按照当时的政治需要进行调整。所以从这两部史书中，也能看出姚思廉的史学思想和史家风格。

《梁书》是一部纪传体史书，共五十六卷，其中包含本纪六卷、列传五十卷，主要记述了自南朝萧梁王朝建国至亡国五十六年的历史事实。《陈书》也是一部纪传体史书，共三十六卷，其中包含本纪六卷、列传三十卷，主要记述了自陈武帝即位到陈后主亡国前后三十三年的历史事实。

姚思廉在撰写《梁书》和《陈书》时，查阅了很多史学资料，同时也保留了许多有价值的历史资料。其中既有对两代诏册、奏表、文赋的收录，又有对农民起义、少数民族历史和佛教史事的相关记述。

此外，姚思廉在两部史书中还为两代的诸多史家和其他学者立传，并收录他们的著述，加

以评论。这为后世了解两代史家和其他学者的事迹和学术成就，提供了宝贵的史学资料。不过，相比于对文史的重视，姚思廉对两代科技的发展却不甚重视，这也使得两部史书中较少有科技方面的内容记载。

除了博采善摘之外，姚思廉在撰写两代史书时，在文字风格方面也多有创制。唐朝初年，六朝骈文依然盛行，许多史书在论赞部分都以骈文书写，但姚思廉在撰写两代史书时，摒弃骈文形式，全以散文完成，语言褪去浮华后，通晓而简练，可读性很强。

清代史学家赵翼在《廿二史札记》中写道："世但知六

朝之后，古文自唐韩昌黎始，而岂知姚察父子已振于陈末唐初也哉。"从赵翼的评价也可看出，姚思廉的散文写法在当时确实是具有开创意义的。

在史学思想方面，从《梁书》和《陈书》中可以发现，姚思廉很注重使用褒扬和贬斥的方法，以期用前代史实来影响当代世风。比如，他在为良吏立传时，很注重描写他们生活俭朴、执法严明、体恤民意的特点。

他的这种著史思想，与唐初"以史为鉴"的思想有很大关系。通过著史来总结前代的成败得失，为当下的政治服务，可以说是唐初史家撰史的一个突出特征。

二、李百药

与姚思廉一样，李百药也是承父志修史，不过他的人生境遇比姚思廉差多了。自隋入唐，他在各处都不受待见，一直到唐太宗时才得到重用，但此时他已过花甲之年。

李百药，字重规，隋唐时期史学家、诗人。他曾受诏修《五礼》，定律令；上《封建论》疏，规谏裂土分封；撰《齐书》五十卷，至宋改称《北齐书》，为"二十四史"之一。

李百药之父李德林仕北齐时，曾参与国史编撰，撰成《齐史》二十七卷。入隋为官后，李德林又奉诏续修《齐史》，但终未完成。李百药自小聪明好学，在诗文方面多有独立见解，有"奇童"之名。

年纪轻轻便入隋为官的李百药，还没来得及充分发挥自己的能力，便称病辞官。《新唐书·李百药传》中称，李百药称病辞官是因为朝中有人"嫉其才而毁之"。实际上是因为李百药受太子杨勇看重，拒绝了晋王杨广的招揽而受到杨广忌恨。杨广继位之后，李百药不仅遭到贬谪，还被迫卷入隋末农民起义之中，先后为起义军阀沈法兴、李子通、杜伏威等人所用。兜兜转转十数年，已过花甲的李百药才得到唐太宗的赏识，被召入宫中为官，参与北齐史书的撰写工作。

李百药所撰《北齐书》是一部纪传体断代史，共五十卷，包含纪八卷、列传四十二卷，主要记述了北魏分裂前及东魏、北齐前后五十多年的历史。因书中大部分内容在记述北齐历史，所以得名《北齐书》。

在撰写《北齐书》时，李百药主要参考其父李德林的未完稿，同时还借鉴了王邵的《齐志》《齐书》及崔子发的《齐纪》等记录北齐历史的史书。

在《北齐书》中，李百药充分展现了其重天命亦不轻人事的历史观。在评论北齐亡国原因时，李百药写道："（文宣帝高洋）其后纵酒肆欲，事极猖狂，昏邪残暴，近世未有。飨国弗永，实由斯疾，胤嗣殄绝，固亦余殃者也。"北齐的灭亡，确实有很大原因归咎于文宣帝后期的昏暴之行，李百药的这番评论还是非常准确的。

但在此之外，李百药还写道："游童戏者好以两手持绳，拂地而却上，跳且唱曰'高末'。高末之言，盖高氏运祚之末也。"把小孩子跳绳时喊的口号，当作北齐国运已尽的例证，就太过于牵强了。

作为监修的魏徵在看过这些内容后，在《北齐书》帝纪内容中又附上了一篇总论，其中明确提出了"天道深远，或未易谈，吉凶由人，抑可扬榷"的观点。而在总论的结尾，魏徵也点明了北齐亡国的真正原因，即"齐氏之败亡，盖亦由人，匪唯天道也"。

虽然存在一些小的问题，但《北齐书》的史学价值确是不容置疑的。不过，李百药所著《北齐书》在宋朝时便已经散佚过半，现传《北齐书》中许多内容，皆是后世史家依靠《北史》增补而成，这也使《北齐书》的价值有所降低。

三、李延寿

李延寿的一生颇为平顺，既无大的机遇，也没有多少人生挑战。相比于升官发财，他更喜欢潜心著史。他撰写的《南史》《北史》都被列入"二十四史"，对我国史学发展有着深远影响。

李延寿，字遐龄，唐代著名史学家，参与过《隋书》《晋书》的修撰工作，并独立撰写了《南史》《北史》两部史书。

唐太宗时期，修撰前朝国史成为一项重要工作。在唐太宗的要求下，姚思廉、李百药等史学家纷纷加入前朝史书的撰写工作中。从年龄上来看，这两位史学家与李延寿并不是同一辈人，与李延寿的父亲李大师倒是年龄相仿。

因为年纪较轻，李延寿并未获得独自撰写前朝国史的机会，他被安排跟随房玄龄和魏徵修撰《隋书》和《晋书》。在这一众前辈面前，年轻的李延寿没有多少机会表现自己，只能根据前辈们的安排，完成属于自己的工作。

能够参与官方修撰前朝国史的工作，对史学家来说是一种荣誉，但李延寿显然志不在此，相比于与他人合撰史书，他更想要按照自己的想法修撰前朝史书。《新唐书》记载："延寿既数与论撰，所见益广，乃追终先志。"

李延寿想要独立撰史，很大原因是继承父志。他的父亲李大师历仕北周、隋、唐三代，一心著述南北朝史书，但"所撰未毕，以为没齿之恨"。为了完成父亲的遗愿，也为了实现自己的著史之志，李延寿独自完成了《南史》和《北史》的撰写。

李延寿撰写这两部史书时，继承了父亲的著史思想，利用了父亲未完成的旧稿，却没有沿用父亲旧稿的体例，而是在司马迁《史记》的基础上，以纪传体形式完成了两部史书的撰写。

《南史》是一部纪传体史书，共八十卷，其中本纪十卷，列传七十卷，记述了上起宋武帝刘裕永初元年（420年），下至陈后主陈叔宝祯明三年（589年）的历史。撰写

《南史》时，李延寿删繁就简，将南朝各政权的史实汇聚在一起，囊括了许多同时期史书中未记载的内容，对于后世研究南朝历史意义重大。

《北史》也是一部纪传体史书，共一百卷，其中魏本纪五卷、齐本纪三卷、周本纪二卷、隋本纪二卷，列传八十八卷，记述了上起北魏登国元年（386年），下至隋朝义宁二年（618年）的历史。李延寿在修撰《北史》时，参考了《魏书》《北齐书》《周书》《隋书》四书的内容，同时还加入了一些杂史资料，内容虽显庞杂，但好在体例完整，与这四书可相互补充。

总的来说，李延寿所著"二史"与同时代的"八书"（《宋书》《南齐书》《梁书》《陈书》《魏书》《北齐书》《周书》《隋书》）相比，存在一些较为明显的特征。首先便是内容的增删，李延寿将"八书"中的一些册文、诏令、奏议删掉，精简了内容，有利于阅读，但一些史实的删除，也让"二史"在记事上少了一些真实度；其次则是内容的曲直，李延寿将"八书"中一些因避讳而使用曲笔的内容修正，还原了历史真实，但这并不意味着李延寿在"二史"中未用曲笔对某些历史事件或人物进行美化。

除了这些显著特征外，"二史"还存在一些较为明显的问题，比如对荒诞怪异内容的宣扬、对帝王将相事迹的讴歌。这些问题的出现，既有作者自身的原因，也有当时的社会原因。当然，"八书"中也存在同样的问题，这是时代的一种共同烙印。

撰写两部史书，李延寿耗尽了十六年时光，如果把收集整理资料的时间也算上，大概是三十年光景。三十年如一日，专心著史，李延寿无愧于"中华史家"之名。

四、刘知几

刘知几是一位独特的史学家，他不以著史闻名，而以评史为后世所知。他所撰《史通》是我国第一部系统性的史学理论专著，对唐以前史书中的诸多问题进行总结，对后世史学发展产生了深远影响。

刘知几，字子玄，唐朝史学家，著有《刘氏家乘》《刘氏谱考》《史通》《睿宗实录》等史书。

刘知几出身于书香门第，家学渊源颇深。他能够走上史学研究的道路，除了受祖父影响之外，还与他自身的个人兴趣爱好有关。在《史通·自序》中，刘知几曾提到，自己对古代文学著作虽然没有多大兴趣，但对史书却兴趣颇深，以至于"尝闻家君为诸兄讲《春秋左氏传》，每废书而听"。

看到孩子对史学如此感兴趣，刘知几的父亲便着重安排他阅读史书。到了十七岁时，刘知几不仅"迄乎皇家实录"，更是得以"窥览略周"。在史学研究上，刘知几并未专心于某部史书或某一时期的史书，而是"触类而观"。这也为他日后著成《史通》打下坚实基础。

成年后，刘知几步入仕途，并对史学研究有了更为深刻的认识。不过，在接下来的近二十年时间里，他并没有从事著史工作，而是一面为官，一面进行史学研究。自圣历二年（699 年）起，刘知几才得以参修《三教珠英》《则天皇后实录》等史书。

为国修史的工作并未让刘知几感受到快乐，反而是忧虑倍增。至于个中原因，他在《史通·自序》中写道："凡所著述，尝欲行其旧义。而当时同作诸士及监修贵臣，每与其凿枘相违，龃龉难入。故其所载削，皆与俗浮沉。虽自谓依违苟从，然犹大为史官所嫉。"

跟别人一起修史不自在，刘知几便辞去史职，私下著史。在这段时间里，刘知几不仅完成了《史通》的撰写，同时还撰写了《刘氏家乘》和《刘氏谱考》。其中尤以《史通》影响最大。

《史通》是中国第一部史学评论专著，以评论史书体例与编纂方法，论述史籍源流与史家得失为主要内容，所涉范围极为广泛，基本总结了唐以前史学发展过程中的各种问题，具有极高的史学价值。

刘知几的史学思想在《史通》中展露无遗。他认为编年体与纪传体不可偏废，以断代为史则会是唐以后史书的主要编纂形式。在论述纪传体时，他不仅对纪传体各部分的体例进行了详细介绍，对于编写的技巧与方法也多有说明。

而在著史原则上，刘知几明确反对"曲笔"，提倡秉笔直书，将"盖君子以博闻多识为工，良史以实录直书为贵"作为治学治史标准，进一步发展了中国史学的纪实、求真精神。

《旧唐书·刘子玄传》记载："史才须有三长，世无其人，故史才少也。三长，谓才也、学也、识也。"这是刘知几所提出的"史学三才"论，在他看来，优秀史家必须具备撰史才能、丰富的知识结构和正直品德，只有拥有了这"三才"方可成良史。

从刘知几在《史通》中对一些前代史学家毫不留情的批评中可以看出，在"史学三才"中，史识是比较重要的方面。许多史家拥有著史之才，学识也足够渊

博，但就是在个人私德方面出现了问题，所以其所著史书的可信度也就大打折扣。

当然，刘知几在《史通》中的一些表述，即使在现在看来，也是颇为尖锐的，就连他自己都说："此书多讥往哲，喜述前非，获罪于时，固其宜矣。"除了内容尖锐外，《史通》中还存在一些封建思想，比如轻蔑敌视农民起义等，这些内容已然不合时宜了。

五、杜 佑

> 杜佑出身于京兆杜氏，凭荫恩入仕，曾任唐朝宰相。《旧唐书》评其"性敦厚强力，尤精吏职，虽外示宽和，而持身有术……性嗜学，该涉古今，以富国安人之术为己任"。

杜佑，字君卿，唐朝政治家、史学家，著有《通典》二百卷，创史书编纂新体裁，开中国史学之先河。

京兆杜氏自汉朝时便是世家望族，历代名人辈出，西汉御史大夫杜周、东汉书法家杜度、西晋军事家杜预，都出自这一家族。到了隋唐时期，这一家族发展到极盛，官场上有做过宰相的杜如晦、杜佑，诗坛中则有杜甫、杜牧。而杜佑与杜牧更是一脉相承的祖孙关系。

杜佑凭借荫恩入仕，仕途平顺，唐德宗时期曾担任宰相。杜佑极擅为官之道，尤其在为国理财方面颇有研究。

在他看来，治国之道重在详细掌握人口数字，人口的多少将会直接影响经济的发展和国家的兴衰。关于这些内容，杜佑在《通典》一书中进行了详细说明。

《通典》是杜佑历时三十六年完成的一部史学巨著，是我国现存第一部典志体通史，记述了自黄帝时代到唐玄宗天宝末年的典章制度沿革，具有极高的历史和学术价值。全书共二百卷，分食货、选举、职官、礼、乐、兵、刑法、州郡、边防九门，约一百九十万字。

在这部史书中，杜佑详细记述了各个朝代在经济、政治、军事方面的典章制度及其源流变化。在辑录前人之言的同时，他还以说、议、评、论的方式，表达自己的主张与见解。

在《通典》之前，史学家通常会在纪传体史书中的"书""志"部分，记录历朝历代的典章制度。由于篇幅所限，很少有史书完整记述历朝历代的政治经济制度。《通典》别出新意，将"志"这一内容独立出来，让典制史成为中国传统史学的一个重要门类。

在划分典制类型时，杜佑将"食货"作为第一部分内容。为何要如此安排？杜佑在《通典》序言中写道："夫理道之先，在乎行教化；教化之本，在乎足衣食。"为了进一步解释这一原因，杜佑还引用了《管子》中"仓廪实则知礼节；衣食足则知荣辱"的内容。

在杜佑看来，国家的发展要看政治与经济两个方面。在这两方面中，经济是国家发展的重要基础，与百姓的生活紧密相连，因此将"食货"放在"选举"和"职官"之前，是非常妥当的。

至于"食货"之后的安排，杜佑解释道："夫行教化在乎设职官，设职官在乎审官才，审官才在乎精选举，制礼以端其俗，立乐以和其心，此先哲王致治之大方也。"相比于其他一些古代思想家的礼乐治国思想，杜佑重视经济发展的主张显然更具先进性。

事实上，在《通典》中，杜佑总结了很多前人的经济思想，并主张用这些思想来解决国家现实发展中存在的问题。比如，在土地问题上，杜佑深刻分析了田制对于国家经济发展的影响，认为土地管理的好坏直接影响农业的发展。对于商鞅"废井田，开阡陌"的做法，他大为赞赏，认为这种做法让秦国势力大涨，以至"天下无敌"；对王莽改田制的做法，他大加批评，认为此举导致"农商失业，食货俱废"。

在研究田制问题、注重农业发展之外，杜佑在《通典》中还提倡以薄敛节用之法解决国用不足的问题。在这一问题上，杜佑对唐初高祖、太宗薄赋轻徭的做法给予高度评价，认为唐初的庸调制可"泽及万方"。为了进一步说明薄敛节用之效，杜佑还列举了许多前人言论。

相比于前代史学家喜欢用人物传记故事来点明前朝得失，杜佑选择以前代典章制度源流演变来阐述国家兴亡发展之变。相较之下，典章制度中的方法更容易为现世所借鉴，也更容易帮助当代帝王"知兴替，明得失"。

第五章

宋元
史学家

一、薛居正

薛居正一生历仕后晋、后汉、后周、北宋四朝，官至宰相，并入宋理宗"昭勋阁二十四功臣"之列。北宋名臣范纯仁称其"发挥圣德，经纬邦国。端重言归，庐在空谷。松柏滋荣，麀鹿攸伏。惟孝惟忠，其人如玉"。

薛居正，字子平，五代至北宋时期史学家，曾主持编撰《旧五代史》，为"昭勋阁二十四功臣"之一，死后配飨太庙。

薛居正的高光时刻多在北宋时期，在后晋、后汉时代，他的仕途之路并不顺畅。清泰元年（934年），薛居正参加进士考试，但未能通过，无奈之下以一篇《遣愁文》来排解郁闷之气。这《遣愁文》是否排解了他的郁闷后世不得而知，但通过这篇文章，薛居正成功展现了自己的非凡文采，并得到了一些位高权重之人的赏识。

此后，薛居正一路从盐铁巡官，做到了兵部侍郎，到北宋乾德二年（964年），成为参知政事，辅助宰相处理政务。《宋史》记载："居正气貌瑰伟，饮酒至数斗不乱。性孝行纯，居家俭约。为相任宽简，不好苛察，士君子以此多之。自参政至为相，凡十八年，恩遇始终不替。"从这一记载可以看出，薛居正无论在形象还是品行上，都颇有君子之风，可以说是德能配位的典范。

开宝五年（972年），薛居正等人奉命修撰《五代史》（《旧五代史》），其后，仅用一年半左右时间，便完成修撰。这部史书的修撰虽用时较短，但内容却非常丰富。这部史书主要记载了自朱温代唐到北宋建立的历史，不仅有后梁、后唐、后晋、后汉、后周五代历史，还将吴、南唐、吴越、楚、闽等十国旧事囊括其中，甚至对契丹、吐蕃、渤海、党项等周边少数民族政权也有所介绍。

薛居正所监修的《旧五代史》共一百五十卷，以五代断代为书，以五代典章制度为志，以五代十国各政权情况为杂传，将中原五代政权盛衰作为主线，把十国及少数民族政权兴亡作为副线，充分展现了这一时期的历史事实。

这部史书之所以能够以较短时间撰写完成，除了参与修撰的名家大儒阵容强大之外，更多还依靠前朝流传下来的典籍资料。

北宋初期，五代时期各政权所留典籍大多没有散佚，这些典籍资料是编修史书的重要参考。除此之外，前朝所留下的史学实录，也为《旧五代史》的修撰提供了便利。比如，后周宰相范质在五代各朝实录基础上整理的《五代通录》，便成了《旧五代史》编撰的重要基础。

对于《旧五代史》的内容，清代《四库全书总目提要》指出："其时秉笔之臣，尚多逮事五代，见闻较近，纪、传皆首尾完具，可以征信。"事实上，在《旧五代史》成书之后，后世许多史家在著史之时多从中取材，可以看出这部史书所记内容的宝贵价值。

也有史家指出，《旧五代史》过多照搬五代实录，对史料缺少鉴别，不实之词甚多。清代史学家赵翼对这部史书指责颇多，而且还专门举例论证了其中的不实之处。

薛居正所监修的史书，就如他本人一样，从整体来说是近于完美的，但仔细翻查还是能找出一些不足之处。薛居正一生既"立功"，又"立言"，但服食丹砂、宠溺儿子之事，算是其人生不足之处。

二、司马光

　　司马光在学术上的主要成就，莫过于主持编写了《资治通鉴》。清代史学家王鸣盛说："此天地间必不可无之书，亦学者不可不读之书。"梁启超也评价《资治通鉴》："其结构之宏伟，其取材之丰赡，使后世有欲著通史者，势不能不据以为蓝本。"

　　司马光，字君实，号迂叟，北宋政治家、史学家、文学家，著有《温国文正司马公文集》《稽古录》《涑水记闻》等，并主持编纂了《资治通鉴》一书。

　　司马光小时候是否曾经砸缸救友，现在还不好确定，但他勇斗巨蟒的事迹，却被记录在了《宋史》中。青年时期的司马光好读书、爱游历、喜交友，与他交往的不仅有王安石、包拯、苏轼等名流贤人，也有许多下层百姓。丰富的经历让他对北宋王朝的风土人情与社会状况有了更为深刻的认识，也对其思想发展产生了深远影响。

司马光与王安石的关系既独特又复杂，两个人在生活作风方面十分相像，都是典型的封建知识分子做派；两人在人生经历方面也颇为相似，都是年少成名，但并未长时间停留在大宋的权力中心。

在才学与为人方面，两人是相互欣赏的，但在政治见解上，两人却势同水火。王安石在朝为官时，司马光选择退隐；司马光入朝为相后，王安石则称病去职。在王安石变法之初，司马光并未表示出反对意见，但当王安石的举措越来越激进后，司马光便成了推翻新法的主力军。最终，司马光实现了自己的政治主张，尽废王安石新法，而这也成为其被后世诟病的主要原因。

相比于修史，司马光更乐于从政，想在官场上一展身手，帮助北宋王朝变得强大。但从结果来看，司马光在官场上的作为，却远不如他在史学方面的成就。在退居洛阳期间，司马光专心编撰《资治通鉴》，最终在元丰七年（1084 年），完成全部内容的修撰。其后，司马光将其呈送给宋神宗。

《资治通鉴》是一部编年体史书，共二百九十四卷，记述了从周威烈王二十三年（前 403 年）到五代后周世宗显德六年（959 年）的历史。按照朝代划分，这部史书可以分为《周纪》《秦纪》《汉纪》等共十六纪，每纪卷数因内容多少有所不同。

这部史书所介绍的，主要是历朝历代的政治、军事和民族关系内容，同时也有对不同朝代经济、文化和历史人物的评价。司马光主编这部史书的首要目的，并不是忠实还原前朝史实，而是以前朝政治演变、民族兴亡之事，警示后世，也就是"有鉴于往事，以资于治道"。

整部史书由司马光主编，刘恕、刘攽、范祖禹等人协助编修，耗时近二十年完成。其中所引史料丰富，一事多用数种资料写成，文辞表述优美，叙事生动，具有极高的史学价值和文学价值，是可与《史记》相提并论的史学巨著。宋代史学家王应麟更赞称："自有书契以来，未有如《通鉴》者。"

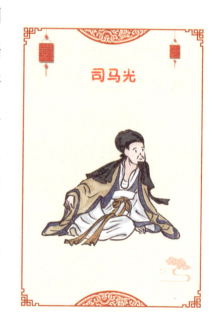

不过，这部史书也存在一些不足之处。朱熹在《朱子语类》中写道："温公修书，凡与己意不合者，即节去之，不知他人之意不如此。《通鉴》之类多矣。"明人严衍也曾撰《资治通鉴补》，列举了一些《资治通鉴》中的问题。

司马光在《进资治通鉴表》中写道："臣今筋骨癯瘁，

目视昏近，齿牙无几，神识衰耗，目前所谓，旋踵而忘。臣之精力，尽于此书。"已近古稀的司马光，自知无力再为大宋王朝奔波劳走，遂将满腔热情灌注于《资治通鉴》之中，希望这部史书能成为一面铜镜，帮助大宋的帝王们更好地治理国家。

后世对司马光的评价颇多纷争，但从其爱国治史这方面来说，用梁启超那句"温公亦伟人哉"来评价，是颇为合适的。

三、范祖禹

范祖禹曾参与修撰《资治通鉴》，但他在史学方面的成就不止于此。他独撰的《唐鉴》十二卷"深明有唐三百年治乱得失"，深受后世史家推崇。

范祖禹，字淳甫，一字梦得，北宋著名史学家、文学家、诗人。他与范镇、范冲同为范家人，且皆为史学家，遂有"三范修史"的说法。范祖禹曾参与修撰司马光主编的《资治通鉴》，同时还独立编撰了《唐鉴》《帝学》《仁皇训典》等著作。因《唐鉴》"深明有唐三百年治乱得失"，后世学者又推范祖禹为"唐鉴公"。

范祖禹很小便成了孤儿，幸得叔祖父范镇所养，才得以顺利度过幼年时期。少好读书的他，进士及第后，在京城结交了很多权贵，深受司马光及王安石的青睐。能够同时得到保守派领头人和新党一把手的重视，足见范祖禹才学之高、品行之好。

在完成《资治通鉴》的修撰工作后，司马光对范祖禹大为夸赞，称其"智识明敏，而性行温良，如不能言；好学能文，而谦晦不伐，如无所有；操守坚正，而圭角不露，如不胜衣，君子人也"。范祖禹正如司马光所评价的那样，品行高洁，能言敢谏。

范祖禹平日里从不论人是非，很有儒者之风，但在遇到自己看不惯的事情时，便非要论出个黑白对错来。宋哲宗因天热不肯来听他讲书，他便以"今日学与不学，系天下他日之治乱"来劝谏，说皇帝若是好学，天下君子都愿尽心辅佐；若是不好学，小人当道便会危害江山。

范祖禹

范祖禹在为皇帝讲书方面颇费心血。他曾将许多前代帝王学问及宋代帝王讲读故事编辑整理，定名《帝学》，进呈给宋哲宗阅读。而其所撰《仁皇训典》则专述宋仁宗时期的政治发展，同样进呈与宋哲宗阅读。对于讲官范祖禹，苏轼曾评价："范淳甫讲说，是当今经筵讲官第一。言简而当，无一冗字，无一长语，义理明白而成文灿然，真得讲师三昧！"

范祖禹作《唐鉴》，同样也是为了考得失，辨善恶。在参与编撰《资治通鉴》唐朝部分的内容时，范祖禹的一些观点与司马光有所不同，于是他便独自汇编唐朝历史，作《唐鉴》一书。

因为是写给帝王阅读的史书，所以范祖禹很注重其中的"君纲"问题。为此，在这部书中，他在记述唐代帝王行为活动的同时，还对他们的行为进行褒贬评价，指出其中有益于借鉴之处，以及需要引以为戒之事。

在写唐太宗李世民逼迫高祖李渊反隋时，范祖禹认为李世民有"济世之志，拨乱之才"，却所为非义。同时，他也提到高祖李渊向突厥称臣的做法，使得唐朝政治混入"夷狄之风"，此为唐政之失。

范祖禹在《唐鉴》中的诸多论断，为宋代的帝王提供了一些前代得失的经验教训。这些从前代史实中分析所得的经验教训，要比借时事进谏更有冲击力。宋高宗曾对讲官们说道："读《资治通鉴》，知司马光有宰相度量；读《唐鉴》，知范祖禹有台谏手段。"

将《唐鉴》与《资治通鉴》相提，范祖禹与司马光并论，可见范祖禹所著史书在当时的影响。

四、李　焘

李焘为唐宗室之后，宋高宗时进士，他博览群书，尤精史学，参与过国史编修，以名节、学术著称。南宋学者张栻曾言："李仁甫如霜松雪柏。无嗜好，无姬侍，不殖产。平生生死文字间。"

李焘，字仁甫，号巽岩，南宋历史学家、目录学家。李焘家世显赫，为唐太宗第十四子曹王李明之后。不过李唐宗室的身份在大宋王朝能起到的作用相对有限，想要出人头地，还要依靠刻苦学习考取功名才行。

绍兴八年（1138年），李焘成功考取功名，获得了成都府华阳县主簿之职。不过，李焘并未直接赴任，而是去龙鹤山巽岩读了几年书，而后才赶去赴任。做官这几年，李焘过得很不顺意，他不满秦桧擅权误国，又没办法改变朝廷的现状。

没办法改变中央朝廷，就从身边的小事做起。李焘在任成都府双流县宣教郎时，勤于政事，取得了一些成绩；在任潼川府路转运判官时，改革当地财税制度，弹劾了一批贪官污吏。此后李焘多次向朝廷建言献策，以忠言敢谏为人所知，虽得周必大等人屡次举荐，但始终未被授予重要官职。

相比于做官，李焘的治学之路走得更为顺利一些。清代史学家全祖望曾评价李焘："先生性刚大，特立独行。早著书，秦桧当路；桧死，始闻于朝。既在从列，每正色以订国论。"

李焘博览群书，搜罗百家史籍，将治史作为革新除弊之良方。李焘修史并不想像司马迁那样"成一家之言"，而是想学司马光那样"使众说咸会于一"。在李焘看来，当朝士大夫在议论史事时，都喜欢各凭其说，从不去考证实录与正史，如果听之任之，就会导致真实历史变得模糊，别说后世，就连当朝之人，都会忘记本朝所发生的史事。

李焘认为这种情况是很严重的，他打算编纂一部长篇当

代史，以"统会众说，掊击伪辨，使奸欺讹讪不能乘隙乱真，祖宗之丰功盛德益以昭明"。为此，他仿照司马光《资治通鉴》的体例，采用司马光所倡考异法，完成了《续资治通鉴长编》的编纂。

《续资治通鉴长编》原本九百八十卷，今存五百二十卷，是我国古代私家著述中最为卷帙浩繁的一部断代编年史。该书起于宋太祖赵匡胤建隆年间，讫于宋钦宗赵桓靖康年间，共记北宋九朝一百六十八年事，为研究宋、辽、西夏等国历史提供了重要史料，具有较高的史料价值。

李焘在撰写这部史籍时，以"宁失于繁，勿失于略"的原则，采集了大量宋代实录、国史，还广泛收入各类经、史、子、集、笔记小说中的内容。这种"求全求繁"的做法，为后世保留了许多宋代史料。

李焘的"求全求繁"，并不是毫无选择地收录，而是以"考异"之法，对旧本中存在错误的地方进行注解后删去，新增的内容也要注解上出自何处；对于考据无误之处，则仍然以旧本为主，不进行增改。

虽然后世对《续资治通鉴长编》评价不一，但不论是赞扬者，还是批评者，都对该书内容之广博、李焘著史之严谨，予以高度评价。史无完史，人无完人，李焘能以四十年之精力，著成近千卷史书，无愧于史家之名。

五、胡三省

　　胡三省是宋元之际史学家，他于宋亡之前参政议政，屡次为贾似道献策，却频遭白眼，而在宋亡之后，他则举家隐居山乡，谢绝人事，专心著史。

　　胡三省，字身之，一字景参，号梅涧，宋元之际史学家。胡三省出身于史学世家，其父对史学研究颇深。在父亲的影响下，胡三省也对史学颇感兴趣，尤对《资治通鉴》情有独钟。

　　天有不测风云，胡三省十五岁时，父亲亡故，这让原本富裕的家庭变得十分艰难。好在胡三省勤奋好学，通过科举考试登进士第。但过于刚直的性格，让他的为官之路并不顺遂，他辗转于各地为官，少有建树。

　　在宋廷为官时，胡三省始终未忘父亲遗志。他遍搜不同版本的《资治通鉴》，一心专注于该书的校勘工作。凭借校勘《资治通鉴》，胡三省被推荐给太师贾似道，成了贾似道的幕僚。但二人脾气秉性、为人作风皆不同，致使胡三省的谏言难以被采纳，最终胡三省选择迁居他地，一心著史，不再过问政事。

早在进士及第时，胡三省便开始编写《资治通鉴音注》一书，其间多有波折，宋亡前已有初稿九十七卷，但在逃亡时尽数为盗贼窃取。归隐山乡后，胡三省变卖家产，搜罗史籍，从头写起，一直到至元二十三年（1286年）才将该书全部编成。

在《资治通鉴音注》中，胡三省对许多人名、地名、术语，以及大量生僻字进行注解，同时还更正了不少《资治通鉴》中的错误。比如，《资治通鉴·卷二百一十四》记载，开元二十二年"凿漕渠十八里，以避三门之险"，胡三省对其作注道："参考新、旧志，乃是凿山开车路十八里，非漕渠也。"

当然，胡三省为《资治通鉴》所作注释也并非全部正确。顾炎武在《日知录》中就提到了胡三省在注解时的错误。面对体量如此庞大的《资治通鉴》，为其作注，难免会出现错误，好在有其他典籍可以相互佐证，可以辨清内容的真假错漏。

在《资治通鉴音注》之外，胡三省还编撰了十二卷《通鉴释文辩误》，对《通鉴释文》进行勘误。《通鉴释文》

是宋代史炤所作解释《资治通鉴》文字语意的著作，后又有司马光之子司马康所作《通鉴释文》。但在胡三省看来，史炤所作《通鉴释文》多有讹误，其他版本也大同小异，所以他才要撰写《通鉴释文辩误》来对其内容进行勘正。

从这两本史学著作可以看出，胡三省在治史时是非常严谨的，对于前人史籍中的错漏，都要仔细核对、勘误。虽仍有遗漏，但是瑕不掩瑜。除了这两部史学著作，胡三省还曾编撰过《通鉴地理考》一百卷，但在书稿完成后，发现王应麟所作考据学著作与自己的作品多有类同，于是便毁去原稿。从这里也能看出胡三省的严谨作风。

元朝建立后，以怀柔政策拉拢汉族文人，但胡三省率家人隐居山乡，闭门谢客，专注于《资治通鉴音注》的修订工作。他在居所之南建造书房，不分严寒酷暑，经常在其中读书、著史，最终在此走完了自己的一生。

如果说在宋亡之前，胡三省还将希望寄托于政事，认为通过自己的"江上之策""江东十鉴"能挽宋王朝大厦于将倾，但在宋亡之后，胡三省就只剩下著史一事可做了。而他正是以自己身为史学家的精神与风骨，完成了父亲生前所托，也让自己一生无憾。

六、马端临

马端临认为国家的治乱兴衰各有不同原因，从断代史中只能看出一个朝代的兴衰流变，却没办法看到朝代与朝代之间纵横贯通的因果关联及发展变化。所以，他选择以一部涵盖各朝典章制度的通史，究"会通因仍之道"，求"变通张弛之故"。

马端临，字贵舆，号竹洲，宋元之际史学家，著有《文献通考》《大学集注》《多识录》等。

马端临幼有天资，能诵四书五经，以读抄经史之法，遍读宋以前历代正史、稗官记录、私家文章、名儒评论，并师从理学名士学习程朱理学，积累了渊博学识。

优渥的家境为马端临提供了绝好的学习环境，对历史与现实生活的敏锐感悟则让他走上了著史之路。宋亡后，马端临与其父马廷鸾一样，展现出了崇高的民族气节，拒不入元廷为官。

隐居期间，马端临曾任书院山长。他在教书育人的同时，依然专注于研究历代史学典籍。在研究各代历史时，马端临发现自班固《汉书》始，历代断代史或通史都着重对王朝兴衰进行记录，将笔墨更多用在人物或历史事件上，鲜有对历朝历代典章制度的详细描述。

王朝的兴衰史事对后世有极高的借鉴意义，但典章制度的变革调整对社会发展的意义也是不可忽视的。马端临以此种思想对前代的典章制度进行深入研究，发现历代典章制度虽有不同，但彼此之间却存在着极为明显的承继关系。后世典章制度的出现与改变，是在前代典章制度的基础上完成的。基于此，马端临想要编写一部自古至今的典章制度专史。

在此之前，唐代史学家杜佑已经完成了类似工作，即典志体通史《通典》。马端临打算以《通典》为蓝本，重新编撰一部讲述历朝历代典章制度的专著。这便有了这部享誉后世的典章制度史——《文献通考》。

引古经史谓之"文"，参前人奏疏、诸儒议论谓之"献"，故有《文献通考》之名。全书共三百四十八卷，记载了自上古至宋宁宗嘉定年间的典章制度门类二十四门，其中经籍、帝系、封建、象纬、物异等门类是《通典》中所没有的，其余门类与《通典》基本相同。从这一点来看，这本书也可以看作对《通典》的扩写与完善。当然，这只是《文献通考》诸多特点中的一个。

对宋代典章制度的记载尤为详尽，是《文献通考》的另一个特点。在编撰《文献通考》时，马端临遍采经史、会要、传记、奏疏等，收集了大量参考资料，其中许多内容是《宋史》中没有收录的，为后世研究宋代典章制度提供了重要参考与佐证。

内容丰富有好的方面，也有不好的方面。《四库全书总目》认为，《文献通考》的门类众多，卷帙浩繁，很难避免取彼失此的情况发生。当然，将其作为稽古之佐证参考，是非常合适的。

相比于郑樵所著《通志》，《文献通考》在内容表达上也颇为进步。马端临并未单纯地将前代史书中的内容辑录其中，而是重新组织语言，并融进了一些新的思想。比如，在介绍商鞅变法时，除了记述故事外，马端临还明确指出其重要意义。

　　从最终成果来看，马端临以《文献通考》弥补了《通典》之不足，为后世留下了一部史料翔实、观点独到的史学名作。

七、脱　脱

脱脱是个文武全才，在朝堂之上懂得为政之道，在朝堂之外又有远见卓识。他虽以诸多政策手段，挽救元朝于危亡之中，但奈何时代洪流已至，谁也无法阻挡；他虽未秉笔修史，却对辽、金、宋三史的修成厥功至伟。只此两点，便可称其为元末最为杰出的人物之一。

脱脱，亦作托克托、脱脱帖木儿，元朝政治家、军事家。他所生活的时期正值元王朝衰落阶段，但他凭借自己在政治方面的出色才干，挽狂澜于既倒，以砥柱之姿支撑起整个元王朝。但再贤明的良相也抵不过谗言的诋毁，最终一代社稷之臣遭革职流放，惨死中途。

脱脱出生于一个地位显赫的贵族家庭。少年时代的脱脱以勇武著称，后得良师调教，接受儒家思想熏陶，逐步走上了以文治国之路。

脱脱的仕途颇为顺遂，驱逐伯颜、助帝夺权之后，更是位极人臣。在掌握了实权后，脱脱推行了一系列改革举措，革除伯颜旧政，开展财政自救，治理黄河水患，镇压农民起义，虽成效有限，却成功为元王朝续命。

《元史》称脱脱"功施社稷而不伐，位极人臣而不骄，轻货财，远声色，好贤礼士，皆出于天性。至于事君之际，始终不失臣节，虽古之有道大臣，何以过之"。不过这一评价只提到了脱脱为政方面的成就，而没有过多介绍他在其他方面的成就。其实，在政治之外，脱脱在史学方面也取得了一些值得肯定的成就。

说脱脱是一位史学家可能不太妥帖，因为他并不像其他史学家那样专门研究过某一时期的历史，甚至都没有从事过秉笔修史的工作。之所以将其列入史学家行列，是因为他在宋、辽、金三史的修撰过程中，起到了相当重要的作用。

我国各朝代历来就有为前朝修史的传统。元朝建立时所面临的情况较为特殊，因为在它之前，宋、辽、金三朝并立，若要修史就要通修三朝历史。但如何将这三朝历史修撰到一部史书中，以谁为正统来编写呢？关于这一问题，元朝的史学家们争论许久，一直未有答案。这也导致修撰三朝史书的工作一直处于停滞状态。

脱脱在推行更化政策的同时，将儒臣史家尽招入国史馆。而后在元顺帝的诏命下，脱脱任总裁官，主修宋、辽、金三史。

对于三朝谁为正统的问题，脱脱主张分修三史，皆为正统，平等对待。这一主张不仅解决了诸位史家争论许久的问题，推动修史工作的开展，而且还提升了各族人民对元朝廷的认可与支持。

在脱脱的主持下，宋、辽、金三史顺利修成，都被列入"二十四史"。但由于整个过程稍显仓促，且修史工作开始于元朝末期，所以三史在内容上并不太出彩。

以《宋史》来说，在编撰时可供参考的文献较多，但此书却空有体量而难谈质量。如此大部头的史书却未能将宋代历史的各个层面展现出来，实在是可惜。不过，从史学角度来说，宋、辽、金三史的修撰，对于我国古代史料典籍的传承起到了重要作用。

在元王朝行将崩颓之际，脱脱在稳固元朝江山的同时，力担监修史书重任。他慧眼识人，挑选了一批优秀的修史官，完成了宋、辽、金三史的修撰，为后世留下了宝贵的精神财富。《剑桥中国辽西夏金元史》称其"为他那个时代最杰出的人物"，实不为过。

第六章

明清
史学家

一、谈　迁

　　谈迁善诸子百家之说，有著史之坚志，为著明史"六易其稿，汇至百卷"，虽遇重大挫折，却不改己志，历时多年终成一代明史佳作《国榷》。

　　谈迁，原名以训，字仲木，号射父。明亡后改名迁，字孺木，号观若，自称"江左遗民"，明末清初史学家，与张岱、查继佐、万斯同合称"浙东四大史家"。

　　谈迁自幼家境贫寒，有大志，但不穷追功名，只嗜读书，用黄宗羲的话来说就是"不屑场屋之僻固狭陋，而好观古今之治乱"。这种性格在古代，对个人发展极其不利，没有功名，就难得利禄，想要生存下去，就要另谋他法。

　　终生不仕的谈迁选择以替人抄书、给人做幕僚为生。但靠这些工作来维持生活是相当辛苦的，赚不到多少钱不说，还要看人脸色。可以谈迁的性格来说，当钱财和骨气不可兼得时，舍弃钱财保有骨气才是正确的选择。为此他拒绝为高官抄写信件，却不计报酬为史可法撰写《史相国誓师文》。

当然，作为一名优秀的史学家，在谋生之外，谈迁的生活几乎被史学创作所填满。在为母亲守丧期间，谈迁阅读了大量与明史相关的书籍，发现这些书中的内容多有错漏，为此他决定自己撰写一部内容翔实可信的明史。

为了尽可能多地搜集有用素材，他背着行囊，踏遍万水千山，一边帮人抄书，一边广搜资料，最终用近五年时间，完成了《国榷》初稿创作。此后他数次修改书稿内容，以求更贴近历史事实，最终以二十多年时间完成了这部编年体明史。

在史书定稿那一刻，谈迁的内心是喜悦的，他小心翼翼地将书稿隐藏在上了锁的竹箱中，妥善安置。但让他想不到的是，一天夜里，小偷看这竹箱藏得十分隐蔽，认为其中存有宝物，便将竹箱连带书稿一并偷走。谈迁历时二十多年撰写的史书就这样不知所终。

这次书稿失窃让本就没有多少余力的谈迁倍感痛心，此时的他已近花甲之年，身体已然不复当年，但好在岁月并未磨平他的棱角，消磨掉他的志向。在短暂低沉后，谈迁重新振作起来，拿起手中的笔，开始从头撰写这部史书。

寒来暑往，冬去春来，在四个春秋之后，谈迁完成了新书的初稿。这一次，他不仅要将书稿修改得更为完善，还要补充一些新的内容。为此，他再次踏上旅途，不知走了多远，遍寻了多少古地，最终完成了一部新的《国榷》。

这部新《国榷》共四百多万字，记载了自元文宗天历元年（1328 年）明太祖诞生，至顺治二年（1645 年）清兵入南京共三百一十七年的历史。全书内容取材于明代各个时期的实录，并对实录内容严加勘对，见其表亦可见其里。即使是崇祯、弘光两朝史事，该书也有考订记载。

不过相比于《明实录》，《国榷》在内容上要简略一些。这既是不足，也是优势。对于想要了解明朝历史的人来说，先读《国榷》要比抱着《明实录》苦读高效得多。除此之外，从史学价值角度来看，《国榷》的价值高于《明史》。谈迁在编撰《国榷》时并未对历史随意"装饰"，敢于直书，这一点是《明史》所不能及的。

谈迁将《国榷》的作者署名为"江左遗民"，其中所代表的并不只是他个人的思想意志，而是在那个时代不肯委身清王朝，却又无可奈何的明朝遗民们共有的思想意志。亡国不亡史，这正是谈迁穷毕生之功编撰《国榷》的目的。

二、马 骕

马骕为官清廉，从政期间颇有政绩，深受百姓爱戴。政治之外，马骕于史学研究方面倾尽心血，尤擅夏、商、周三朝历史，是清代前期颇负盛名的历史学家，时人称其为"马三代"。

马骕，字宛斯，号文介先生，清代史学家，对《左传》及夏、商、周三代史事颇有研究，著有《左传事纬》《绎史》《十三代瑰书》等。

史书中关于马骕生平的介绍相对较少。清代经学家江藩在《汉学师承记》中称马骕"少孤，事母以孝闻。颖敏强记，于书无不精研"。从这里可以看出，马骕年轻时以孝亲而闻名，且聪明、记忆力强，研读了许多典籍。

不过，在《绎史·征言》中，马骕对自己的评价却与江藩的评价有所不同。马骕认为自己的记忆力不太好，看过的史事转瞬就会忘记，虽然喜好读六艺之文，但根本做不到融会贯通。正是基于此种情况，马骕才将《左传》一书以编年体形式重新梳理，编成了十二卷《左传事纬》。而后他又在《左传事纬》的基础上，完成了《绎史》一书的创作。

《左传事纬》全书共十二卷，一百零八篇，另有《附录》八卷，是一部纪事本末体的春秋通史。在创作本书时，马骕并未照抄照搬《左传》的内容，而是借助《左传》对当时的史实进行重新整合，并融入了自己的真知灼见。

《左传》是儒家十三经之一，《左传事纬》在严格意义上来说，也应算作经学典籍。而《绎史》一书虽是马骕在《左传事纬》基础上创作的，但这部著作却是一部纯正的史学经典。

《绎史》全书共一百六十卷，分为五个部分，即太古、三代、春秋、战国和外录。太古部分共十卷，主要介绍太古时期三皇五帝的事迹；三代部分共二十卷，主要介绍夏、商、西周三代史事；春秋部分共七十卷，主要介绍春秋十二公史事；战国部分共五十卷，主要介绍战国至秦国灭亡的史

事；外录部分共十卷，主要为天官、地志、名物、制度等内容。

在书目内容上，《绎史》既对上古至秦末数千年间各朝代的治乱兴衰进行了详细介绍，还对诸子百家学说以及典章制度沿革有所记载。

在材料取舍上，对于重要典籍如《周易》《尚书》中的内容，马骕"或取其事，或取其文，或全录，或节抄"；对于内容真伪存疑的典籍如《山海经》《神农本草经》，马骕认为"传疑而文极高古者，亦复弗遗"；对于一些明显经过后人加工的典籍如《鬼谷子》《尉缭子》中的内容，马骕亦有所甄别录用；而对于那些显见的后世伪托之作如《六韬》《三坟》中的内容，马骕则仅录其一二；即使是那些谶纬之书，马骕也摘取其中有价值的部分，来补全文献之不足。

在编纂体例上，马骕将编年体、纪传体、学案体等多种编纂体例融合，同时用世系图表与正文相配合。此种创新之制在史书中是前所未见的，可谓"卓然特创，自为一家之体"。

为了完成这部史书，马骕用了十多年时间，广采百家学说，以经、史、子、集相互印证。取材、考证、编辑、勘对……马骕尽己所能将每一个细节做到完美。梁启超称赞《绎史》一书："盖毕生精力所萃，搜罗资料最宏博，顾亭林极称之。"

作为一名史学家，马骕专注于史学研究，既因循前人脚步，又有自己的独创之处，为后世留下了宝贵的史料文献。

三、万斯同

万斯同"以任故国之史事报故国"之心，以布
衣身份参与修史，即使年事已高，依然殚精竭虑地
修改史稿。

万斯同，字季野，号石园，清初著名史学家，曾
参与编写《明史稿》，并承担了《明史》列传
部分的审定修改工作。除参与这些官方史籍编修外，万斯
同还著有《历代史表》《儒林宗派》《石园诗文集》等。

万斯同少有才学，读书过目不忘，八岁时便可一字不
落地背诵《扬子法言》；十五岁时已遍读家中藏书，而后
便专攻前代史籍，并受教于明末清初四大启蒙思想家之一
的黄宗羲。他博通诸史，尤精于明代史事。

年轻时的万斯同喜好写文作诗，在明末清初的文坛小
有成就。经历了朝代更替之后，万斯同认为史学才是国家
所需之学，并立志成为一代史学家。在他看来，唐以后各

家修史经常出现错漏百出的情况，而官方修史，仓促而成，编撰者根本没时间考虑选材是否合适，是不是符合史实。万斯同希望自己能改变这种情况，让"一代治乱贤奸之迹"不再"暗昧不明"。

但作为明代遗民，万斯同并不想与清廷产生一丝一毫的关联，所以在被推举参加博学鸿词科时，他坚辞不去。后来还是大学士徐文元多次举荐，加之老师黄宗羲的殷切嘱托，万斯同才同意参与《明史》的编纂。

清廷要修明史，一方面是为了宣扬明朝已亡，另一方面则是为了笼络明朝遗民。《明史》的修撰起于清顺治二年（1645 年）开设明史馆，结束于乾隆四年（1739 年）向皇帝进呈史稿，其间历时九十四年，可以说耗尽了许多人半生甚至一生的心血。

严格来说，《明史》的修撰应该开始于康熙十八年（1679 年）。那时有许多文人参与其中，如清初词人朱彝尊、经学家毛奇龄等，而出力最多的，非万斯同莫属。

在纂修过程中，万斯同无总裁之名而行总裁之实。第一部《明史稿》于康熙二十九年（1690 年）初步编成，康熙三十三年（1694 年）又诏令续修《明史》。万斯同此时年事已高，但依然承担了史稿列传部分的修改审定工作。但直到康熙去世，《明史》仍未定稿。

到雍正元年（1723 年），已有多版本《明史》稿本问世，其中万斯同审定的三百十三卷本和四百十六卷本皆被称为万氏《明史稿》。康熙五十二年（1713 年）由王鸿绪进献的《明史（列传部分）》被钱大昕等认定是删减万斯同《明史稿》内容所得。而在雍正元年，王鸿绪再次进献的《明史稿》则被认为就是万斯同所编《明史稿》。

到乾隆四年（1739 年），清廷又一次组织文人编撰《明史稿》，这一次的修书总裁是张廷玉。也正是这次修撰，《明史》才最终定型。也正因此，"二十四史"的最后一部才会署上张廷玉等人的名字，是公认的五代以来所修史书中最好的一部。

对于万斯同来说，王鸿绪所进献的《明史稿》是否为自己所编，《明史》是否应该署自己的名字，都已经不再重要，因为万斯同在康熙四十一年（1702 年）时，便已经逝世。他燃尽了自己的生命，在《明史》中表达了明代遗民对故国的感情，为后世留下了宝贵的精神财富，为中国史学的传承作出了重要贡献。

万斯同

四、全祖望

在史学研究上，全祖望深受万斯同影响，专攻宋及南明史事，是一代史学大家及文学大家。他一生涉猎诸多领域，所撰作品颇多，包括《鲒埼亭集》《经史问答》等。

全祖望，字绍衣，号谢山，清代著名史学家、文学家，浙东学派代表人物。胡适曾言："绝顶聪明的人有两个，一个是朱熹，另一个是全祖望。"

说全祖望绝顶聪明，并不是溢美之词，他在四岁便能读四书五经，七岁便可吟诗作词，八岁能读《资治通鉴》与《文献通考》，是远近闻名的"小神童"。不过，小时候的"神童"光环并未给他成年后的入仕提供太多助力。

乾隆元年（1736 年），考中进士的全祖望虽被推荐考博学鸿词科，却未能成行。在京城的几年，全祖望不依附于权贵，仕途之路极为不顺。后因父母相继去世，全祖望归家丁忧，并开始重新思考自己的人生。

全祖望觉得清朝官场尽是些相互倾轧之事，少有人能够沉下心来做学问，整个社会到处弥漫着空谈学术之风。为此，在远离官场之后，全祖望潜心研究学术。他对黄宗羲的《明儒学案》《宋元学案》进行续补改写，为《水经注》《困学纪闻》做了注解，还完成了《鲒埼亭集》的撰写，以及《续甬上耆旧诗》的编辑。

续补《宋元学案》是全祖望在学术研究上的重要成就。全祖望对浙东学派宗师黄宗羲及其子和学生们编排的《宋元学案》进行了补充和编辑，为该书增加了多个学案，并增订序目，考订原本史实。经过全祖望的续补，《宋元学案》终成一部体例完善的学术巨著。

在史学方面，全祖望最大的成绩便是整理了许多有价值的文献。从青年时代开始，他便开始搜集和整理有关南明的历史文献，为南明忠义之士立碑作传，这为后世研究晚明时期的历史提供了重要史料。

除此之外，全祖望还对历史地理文献《水经注》进行了校对，并完成了《汉书·地理志稽疑》的撰写。全祖望用了很长时间校对《水经注》，是对这部著作研究最为出名的学者之一；编写《汉书·地理志稽疑》则是对《汉书·地理志》的校勘，主要是为了纠正原书与颜注的阙误。

虽然全祖望的人生之路算不上平顺，但他的人品气节以及治学精神却始终如一。相比于自己的物质生活，他更在意为后世留下的精神财富是否有价值。

五、王鸣盛

王鸣盛是考据学大师，习惯用考据学的方法研究历史。他对孔子的"春秋笔法"及前人对历史的歪曲持批评态度，强调以求实作为治史宗旨。其所著《十七史商榷》为清初三大史学巨著之一。

王鸣盛，字凤喈，别字西庄，晚号西沚，清代著名史学家、考据学家和经学家，著有《十七史商榷》《耕养斋诗文集》《西沚居士集》等。

王鸣盛自幼就有"神童"称号，但一直到三十多岁，才通过科举步入仕途。近十年官场沉浮后，王鸣盛以为母丁忧为契机，辞官归隐，闭门著述，以汉学之法治史，撰《十七史商榷》百卷。

《十七史商榷》是一部史考类史书，以校勘、考订为主，又兼有历史评论，尤其对舆地、职官、典章制度进行了详细介绍。这里的"十七史"是从"二十四史"中去掉

"宋、辽、金、元、明"五部史书后剩下的十七部史书（若新旧《唐书》及新旧《五代史》分开计算，本书实际涵盖了十九部史书）。

在《十七史商榷·序》中，王鸣盛对撰写这部史书的动机进行了说明："学者每苦正史繁塞难读，或遇典制茫昧，事迹樛葛，地理职官，眼眯心瞀。试以予书为孤竹之老马，置于其旁而参阅之，疏通而证明之，不觉如关开节解，筋转脉摇，殆或不无小助也与！夫以予任其劳，而使后人受其逸；予居其难，而使后人乐其易，不亦善乎？"

中国史学发展到清代，传承了数千年时光，已经拥有极为厚重的积累，成就十分巨大，弊病也已根深蒂固。不同史家对同一历史事件可能有不同的评价，各种因素相互叠加，导致传至后世的史籍中遗留下许多人为的舛误。王鸣盛很明确地发现了这一点，打算全身心投入史籍考证工作之中。

从最终呈现的效果来看，《十七史商榷》确实以"孤竹""老马"之姿，为后世史学研究者提供了重要助力。如果没有他这般付出辛劳校勘史籍，后世研究者便要自己去浩如烟海的史籍中完成这项工作。

除了愿为后学铺路外，王鸣盛还为后世留下了求实治史思想。在《十七史商榷·序》中，王鸣盛认为读史者对史家在史书中所提"典制"，不必"横生意见"，而要"考其典制之实"；对史家在史书中所提"事迹"，不必"强立文法"，而要"考其事迹之实"。

即使是那些各朝实录，在王鸣盛眼中也多虚美之词，反而是那些野史笔记因不必考虑"为尊者讳"的问题，所以会记录一些真实可信的史料。所以，王鸣盛在治史时，也很注重野史笔记的作用。

在王鸣盛看来，只有内容真实的史籍才有研读的价值，那些离开历史现实，不停抒发主观见解，或对真假未定事迹肆意评论的史书，算不得典籍，更不具备史学价值。他的治史思想对后世史学研究者影响很大，对中国史学发展起到了重要作用。

六、赵　翼

赵翼与王鸣盛一样，精于考据，不过他更擅长用多种方法研究历史。归纳考据、比较研究、朴素辩证……赵翼用这些方法对二十四部正史进行了分析研究，完成了清代三大史学巨著之一的《廿二史札记》。

赵翼，字云崧，号瓯北，别号三半老人，清中期史学家、诗人、文学家。他擅长史学考据，在诗歌创作方面也颇有造诣，与袁枚、张问陶并称为"清代性灵派三大家"。

赵翼幼时家贫，六岁时随父亲到塾馆，开始了读书生涯。十二岁时，赵翼作时文，一日成七艺。此后在父亲的安排下，赵翼开始以读经为主业，以考取功名为人生目标。

其实，相比于读经，赵翼更喜欢古诗文创作。父亲死后，赵翼继承父业，以教书为生，并顺利考中秀才。不过在此后的乡试、会试中，赵翼却多次落第，一直到乾隆二十六年（1761年），才中得探花，并被授翰林院编修一职。

赵翼这探花得来委实冤枉。他本在会试中获得了第一名，却被乾隆皇帝以清开国以来未出过陕西状元为由，降为探花（陕西人王杰获得状元）。此后十数年，赵翼在京城和地方为官，颇有政绩。但宦海沉浮，加之身体不适，他最终选择归隐田园，专心著述。

在归隐期间，赵翼创作了大量诗文，并完成了《廿二史札记》的初稿。作为一名史学研究者，赵翼十分注重用多种史学方法研究历史，同时还很重视在考订史书中加入自己的见解。赵翼的这些史学研究特点，在《廿二史札记》中表现得非常明显。

《廿二史札记》是赵翼的读史笔记，是他总贯群史、评其得失之作。全书共三十六卷，因将新、旧《唐书》和新、旧《五代史》各合为一史，所以称为"廿二史"，而非"廿四史"。

赵翼在《廿二史札记·小引》中写道："是以此编多就正史纪传表志中，参互勘校，其有抵牾处，自见辄摘出以俟博雅居子订正焉。至古今风会之递变，政事之屡更，有关治乱兴衰之故者，亦随所见附著之。"

可以看出，在这部论著中，赵翼对各正史中的史实进行考证，还原了一些历史事件的本来面目。他所考证的并非史书文字书写的正误，而是史书间内容的异同。这种以正史证正史的方法，严谨而可信，是赵翼严肃治史的重要表现。

在考据之外，赵翼在《廿二史札记》中还分析了各朝正史在编纂中的得失，并对各部史书进行了评价。赵翼在地方为官多年，对民众生活有非常深切的了解，深知社会发展与政治得失、国家兴亡的关系，所以他的见解既深刻又精辟，很多都是前人未提及的内容。

赵翼在《廿二史札记》中所分析的内容非常广泛，既有《唐前后米价贵贱之数》，又有《明乡官虐民之害》，还有《汉末诸臣劾治宦官》等。这也体现出赵翼渊博的学识，以及其治史之所长。

对于赵翼的史学研究，清代史学家钱大昕曾评价："先生上下数千年，安危治忽之几，烛照

数计，而持论斟酌时势，不蹈袭前人，亦不有心立异，于诸史审订曲直，不掩其失，而亦乐道其长，视郑渔仲、胡明仲专以诟骂炫世者，心地且远过之。……此论古特识，颜师古以后未有能见及此者矣。"从这一评价也可看出，赵翼在史学研究方面的过人之处。

七、钱大昕

钱大昕是乾嘉学派的代表人物。他所著《廿二史考异》对历代正史进行了全面考证、校勘和补遗，是清初三大史学巨著之一。他参与撰修的《续文献通考》《大清一统志》等大型史书，在学术领域有突出表现。

钱大昕，字晓征，号辛楣，清代史学家、文学家，著有《十驾斋养新录》《廿二史考异》等。

钱大昕少时跟随祖父及父亲识字读书，十五岁时便考中秀才。后来钱大昕受邀到坞城顾氏教书，得以遍读顾氏藏书。在这段时间里，钱大昕读了《资治通鉴》《南史》《北史》等史学典籍，并手编读书札记，为日后的史学研究奠定了坚实基础。

乾隆十六年（1751年），钱大昕因献赋而深得乾隆皇帝喜爱，并在皇帝亲自出题的复试中脱颖而出，被特赐为举人，得内阁中书一职。自此，钱大昕开始了自己的官宦生涯，并有机会在京城与诸多文人学士谈古论今。

钱大昕的仕途虽然较为顺遂，但十多年居京离乡的生活却让他心生倦意。乾隆三十二年（1767 年），因妻子病逝，加之自己身体状况不佳，钱大昕辞官南归。由京城返家后，钱大昕将精力全部用在著述、游历及陪伴亲人上。也正是在这时，他开始撰写《廿二史考异》。

不过，归家没几年的钱大昕并没能如愿在故乡终老，而是在父亲的敦促下，又重回京城为官。一直到乾隆四十年（1775 年），父亲过世后，钱大昕才再次辞官归乡。这一次，他全身心投入学术研究之中，不仅完成了《廿二史考异》，还自编《钱辛楣先生年谱》一卷、《通鉴注辨正》二卷。

钱大昕以治经方法治史，将天文、舆地、金石、制度等经学内容作为史学研究的辅助，极大丰富了史学研究的手段，为后世史学研究开拓了新的道路。

在钱大昕看来，官方编撰的纪传正史多出自多人之手，因各种条件所限，有多纰漏，尤其是《宋史》和《元史》，内容冗杂，文字浅陋，很明显是时间仓促所作，较少进行过讨论和润色。因此，在考据实践中，钱大昕与赵翼一样，综合运用比较法、求源法、归纳法等多种史学考据方法，对历代正史进行全面考证、校勘和补遗。其中，《廿二史考异》便是钱大昕史学研究的巅峰之作。

《廿二史考异》，又称《二十二史考异》，全书共一百卷，系统考证了二十二部正史的内容及其注释的史实、文字和训诂，纠正了许多讹误。

在纠正补充历代正史过程中，钱大昕遍寻史料典籍，挖掘出许多有价值的历史文献，如《蒙古秘史》《长春真人西游记》等。这两部古书在当时都不为时人重视，却深受钱大昕推崇。从现在来看，钱大昕的判断是非常准确的，这两部古书对于研究元朝时期历史及西域风俗具有重要意义。

在中华文明史上，钱大昕可以算是百科全书式人物。他不仅精通史学研究，而且在经学、算学、金石学等领域都颇有建树，是乾嘉时代名副其实的大师。

八、章学诚

章学诚一生穷困潦倒，颠沛流离，受尽了苦难。不过相较于贫乏的物质生活，章学诚的精神生活却非常丰富。他不仅编修了多部方志学著作，还将中国古代史学理论推向高峰，以一己之力"终结"了中国古典史学。

章学诚，字实斋，号少岩，清代史学家、思想家，方志学奠基人。他在史学及方志学领域建树颇多，对后世产生了深远影响。

与对后世的深远影响相比，章学诚生前的名声却并不响亮。对于自己的学问未得时人认可，章学诚自己倒是很看得开，他曾在《答邵二云书》中写道："仆之所学，自一二知己外，一时通人，未有齿仆于人数者，仆未尝不低徊自喜，深信物贵之知希也。"这段话的大意是：以我的学识，除了一两个知己，当时学术界有声望的人都不会提及我，我常因此暗喜，深信了解的人少会显得珍贵。

这种乐观自傲心态的养成，与其人生经历有莫大关联。章学诚幼时好读书，但体弱多病，资质较差，并不像同时期那些学术大师那样幼时便有天资。相比于习作应举之文，章学诚更喜好读百家之书，尤其是史学典籍。通读之外，他还将《左传》等史书改编为纪传体，以证自己有治史之才。但此时他在文字运用方面的水平显然还不够高，史学基本功也较差。

年纪渐长后，为了生计，章学诚决意考取功名，但多次参考多次落榜。无奈之下，章学诚只得四处求职，勉强维持家中生计。不过，生性自傲的他经常与一起编书的学官产生分歧，最终他决定辞去工作，潜心研究学术。也正是从这时起（1772年），章学诚开始撰写《文史通义》，此后数十年从未中断。

此后一直到过世，章学诚都生活在困顿之中。但物质上的窘迫并没有让他的精神变得匮乏，反而激励他不断在学术研究上取得突破。无论是史学名作《文史通义》，还是各类方志学、目录学著作，都是他为后世留下的宝贵财富。

《文史通义》是史学理论著作，它与刘知几的《史通》并称为"中国史学理论的双璧"。章学诚曾在《和州志·志隅自序》中提到过创作《文史通义》的原因，他认为："郑樵有史识而未有史学，曾巩具史学而不具史法，刘知几得史法而不得史意。此予《文史通义》所为作也。"可以看出，章学诚撰写《文史通义》，主要是为了阐发史意。

所谓"史意"，便是史家记述历史的宗旨，以及其对历史演变发展的洞见。史意的表达需要依托史家对史事的编排。孔子在著《春秋》时，将"义"贯穿于"事"与"文"中，此即古代史学论著阐发史意的传统。章学诚作《文史通义》也并非只是简单记录史迹，而是要"彰往知来"。

除了阐发史意，章学诚在《文史通义》中还提出了"六经皆史"的主旨，认为六经是对古代典章制度的记载，古代的经学就是史学。同时，在该书中，章学诚还留下了许多与经世致用及史德相关的论断。

章学诚的史学研究在当时并未产生太大影响，但对后世的史学研究影响颇深。由他所创立的尚意史学理论体系，直到今天还在为史学研究者所提倡、应用。